Benjamin Tambwe

Le Leadership Secret de la liberté mentale

Benjamin Tambwe

Le Leadership Secret de la liberté mentale

Éditions Vie

Imprint
Any brand names and product names mentioned in this book are subject to trademark, brand or patent protection and are trademarks or registered trademarks of their respective holders. The use of brand names, product names, common names, trade names, product descriptions etc. even without a particular marking in this work is in no way to be construed to mean that such names may be regarded as unrestricted in respect of trademark and brand protection legislation and could thus be used by anyone.

Cover image: www.ingimage.com

Publisher:
Éditions Vie
is a trademark of
Dodo Books Indian Ocean Ltd. and OmniScriptum S.R.L publishing group

120 High Road, East Finchley, London, N2 9ED, United Kingdom
Str. Armeneasca 28/1, office 1, Chisinau MD-2012, Republic of Moldova, Europe
Printed at: see last page
ISBN: 978-613-9-59373-6

Benjamin TAMBWE MASUDI

LE LEADERSHIP

Secret de la liberté mentale

Guide D'éveil Spirituel

« Nous sommes ce que nous pensons.
Avec nos pensées, nous bâtissons notre monde. »

Bouddha

Sommaire

PREFACE

Nous nous posons de nombreuses questions dans divers sujets de la vie lesquelles questions n'auront certainement pas des réponses si pas certaines questions trouveront certaines solutions (réponses) sujettes à alimenter des débats et non solutionner nos énigmes.

L'homme est pris en otage par l'homme. Pour bien le faire, il a commencé par l'incarcérer mentalement en l'inoculant des faussetés qui occupent la plus grande partie de notre cerveau l'empêchant ainsi de réfléchir, de se connaître soi-même ainsi que son vis-à-vis.

En effet, la Religion et les Armes létales sont deux éléments principaux et puissants utilisés pour mener à bien cette incarcération, l'une mentale et l'autre physique.

Cependant, l'homme doit s'auto-connaître afin de connaître l'autre car il est un « Moi» ouvert à un « Toi» raison pour laquelle il existe des gens sérieux qui ont des problèmes et des gens qui ont des problèmes sérieux.

Toute invention humaine est imparfaite. Cela est prouvé dans la religion qui est l'œuvre de l'homme comme les langues et tant d'autres.

Croire sans avoir vu, l'existence physique de l'enfer et du Paradis, le Créateur présenté comme un vieillard avec une longue barde blanche, assis sur un trône entouré des anges ; le Diable, Lucifer, Satan, un être monstrueux avec des cornes et une queue auteur de tous les maux.

Cette bipolarisation a créé une psychose dans notre manière de réfléchir et de penser.

Signalons que dans cet ouvrage qui pourra poser des difficultés à certains lecteurs endoctrinés qui traiteront certainement l'auteur de tous les mots, on tachera de donner quelques techniques pour sortir de ce carcon de penser ; comment faire pour contrôler ses émotions, comment faire pour se connaître soi-même.

Ce n'est pas un livre écrit à la lumière d'une quelconque religion, il se veut totalement rationnel.

Il encourage plutôt les lecteurs croyants et non croyants de lever leur regard vers l'Intelligence Infinie qui nous prouve son existence à travers la nature et enfouie dans les réalités de l'être humain.

Hervé De Kab's
Le cardio

REMERCIEMENTS

Je tiens à remercier spécialement notre Créateur, Dieu qui, par sa grâce et sa protection m'a soutenu depuis les prémices de ce beau projet jusqu'à sa naissance.

Vous avez entre les mains un ouvrage résultant du travail d'une équipe qui a tenté d'appliquer un des principes les plus puissants que la citation de John Dickinson illustre parfaitement :

« Ensemble nous tenons, divisés nous tombons. »

Grâce à ma petite tête et mes aptitudes j'ai pu puiser le meilleur de moi-même pour apporter au monde francophone ce mystérieux manuscrit.

Je remercierai tout d'abord Pitra Mwika, ma femme qui m'a apporté l'énergie nécessaire pour la rédaction de ce livre quand j'en avais le plus besoin.

Je remercierai ensuite ceux qui ont cru à ce projet à ses débuts, ceux qui tels des « visionnaires » ont cru à son évidence avant d'en avoir le cœur net, ceux qui ont insufflé de leur précieuse énergie pour lui donner vie.

Je remercie donc Christine Fatuma Tambwe, Paul Tambwe, Hervé Kabwanseya, Peggy Las, Olivier Posho, Olivia Mukoka, Inspecteur Freddy Numbi, Docteur Samuel Ntumba, Nounou Nyamololo et Pathy Luyindula Nsunda.

Je remercie également tous les héros dans l'ombre qui ont cru à notre travail permettant d'en accélérer la parution.

Je citerai donc : Yannick Ikolopenda, Yannick Mpoyi, Gautier Bamingo, Ben Bosonga, Endurance Kitete et Cedrick Samuna.

Je tiens aussi à remercier tous ceux qui ont partagé leur expertise dans différents domaines et ont élevé le standard de cet ouvrage.

Maître Poupon Yangasa pour ses interventions objectives, Darling Dula, Patou Sansa et Ralph Kandolo pour leurs conseils, Maître Julio Losala pour ses conseils juridiques ; Cedrick Ntoto, Nabi Makaba, Celor Mampuya, Patrick Abeli et Yannick Nzau pour leur motivation morale et enfin Constant Malumba pour ses relectures raffinées et harmonisantes.

Je remercie le comité de relecture qui m'a permis de voir plus clair dans les tous derniers moments : Christine Fatuma Tambwe, Hervé Kabwanseya, Tania Ndombasi et Madame Lydie Baya Mayengele.

Je remercierai également ma sœur, Mignonne Mastaki ainsi que mon frère Serge Abusa qui n'ont jamais cessé de m'encourage à semer la première graine de cette quête de connaissance.

Et pour finir, mes deniers mots iront à l'égard de l'Intelligence Infinie qui m'a soutenu dans cette ascension vers les sommets comme dans mes périodes d'adversité car Dieu est mon bras droit, mon associé de cœur et ma source d'inspiration.

INTRODUCTION

La plupart d'entre nous vivent avec la peur constante que l'élément qui répond actuellement à nos besoins disparaisse un jour.

Nous avons peur que la personne qui nous aime cesse un jour de nous aimer. Nous avons peur que le travail qui nous nourrit cesse un jour de nous nourrir. Nous avons peur que les relations qui nous soutiennent cessent un jour de nous soutenir.

Ainsi, pour rester au contrôle, nous nous accrochons à ces personnes et à ces objets qui répondent à nos besoins. Nous essayons de faire en sorte que le travail ait besoin de nous. Nous saisissons les personnes, les objets et les éléments qui nous font sentir importants puis nous nous y accrochons.

Ce comportement nous rend alors esclaves de ces personnes et de ces objets. Une simple secousse peut provoquer un glissement de terrain dans notre vie. Lorsque notre seul moyen de nous sentir appréciés est notre argent, alors nous deviendrons esclaves de notre argent. Lorsque notre seul moyen de nous sentir aimés est notre apparence, alors nous deviendrons esclaves de notre apparence. Lorsque notre seul moyen de nous sentir accepté est notre travail, alors nous deviendrons esclaves de notre travail.

Si nous estimons que notre partenaire est la seule et unique personne sur la planète qui peut nous faire ressentir certaines émotions, nous nous accrochons à elle et l'étouffons avec nos demandes d'affection. Nous nous attachons à un tel point qu'il suffit d'un simple oubli pour que nous nous retrouvions envahis d'une forte émotion hors de notre contrôle.

Certaines personnes se mettent alors à se plaindre de la vie et d'autres vivent avec une blessure au plus profond de leur âme.

Beaucoup d'éléments dans nos vies sont contrôlés par un sentiment de pénurie. Ce dernier nous pousse alors à vivre aux dépens d'une personne ou d'une chose qui finira par nous blesser, et ce, consciemment ou inconsciemment.

A force de nous accrocher à notre travail, nous risquons de vivre chaque instant sous pression dans le but de ne pas le perdre, ce qui peut tout aussi bien causer sa perte. A force de nous attacher à notre partenaire, toutes nos actions sont susceptibles d'être prises dans le but de le satisfaire, mais parfois en oubliant la personne que nous sommes réellement. A force de nous accrocher aux personnes que nous aimons, nous sommes plus susceptibles de causer leur départ.

En réalité, nous confondons les éléments qui répondent à nos besoins avec les besoins eux-mêmes.

Vous n'avez pas besoin d'être belle. Vous avez besoin de vous sentir appréciée.
Vous n'avez pas besoin de votre partenaire. Vous avez besoin d'être aimé.
Vous n'avez pas besoin de votre emploi. Vous avez besoin de vous sentir en sécurité.

Ces besoins peuvent être satisfaits d'innombrables manières.

Ce partenaire que vous aimez peut vous quitter, que ce soit par la mort ou par la trahison, mais il y en aura éventuellement un autre. Vous pouvez être mis à pied de votre travail, mais il y aura éventuellement une autre opportunité. Votre statut ou votre apparence peuvent se modifier, mais il y a toujours plus d'une façon de vous sentir important et apprécié. En supposant qu'on a la volonté, tous nos besoins peuvent être comblés. Votre confiance en votre capacité de leur répondre est donc l'élément qui vous fera sortir d'affaires.

On s'inquiète pour un avenir incertain. On essaye de prévenir une douleur que nous ne contrôlons pas. On s'accroche à ces personnes et à ces objets qui répondent à nos besoins. On provoque la douleur que l'on redoutait puis on remet en question une fois de plus notre identité.

Bien que notre psyché ait un moyen profond de conspirer pour utiliser les ressources qui lui sont fournies afin de répondre à nos besoins, notre environnement et les sentiments que nous éprouvons nous font croire tout le contraire.

On se retrouve alors à penser que cette personne est la seule qui puisse nous rendre heureuse, que ce travail est le seul qui puisse nous nourrir ou que ces relations sont les seuls qui peuvent nous soutenir. On se retrouve ainsi pris aux pièges avec cette personne, ce travail ou ces relations qui nous exploitent tels des esclaves avides de sens.

Par le temps, toute chose finira par se dissiper. Tous ces sentiments s'estomperont. Toutes ces personnes et ces objets qui nous font sentir importants disparaîtront. Le bonheur n'empêche pas ces pertes. L'adaptation est donc la clé. Ce ne sont pas les personnes et les objets, qui répondent aux besoins de notre vie, qui nous rendent heureux. Nous nous rendons heureux.

Si tous ces éléments venaient à disparaître, pendant que nous pleurerons leur perte, nous trouverons de nouvelles passions, nous nous construirons une nouvelle identité et nous vivrons.

Nous nous changeons généralement pour deux raison : l'inspiration ou le désespoir. Le regretté Jim ROHN a visé l'inspiration, soulignant toujours l'importance d'assumer la responsabilité de l'amélioration de soi et de montrer aux gens comment atteindre une vie meilleure et plus grande.

Si vous voulez être riche et heureux, apprenez à travailler plus dur sur vous-même que sur votre travail. Vous devriez alors comprendre que travailler sur soi est une quête sans fin. Cette activité de développement personnel dure toute la vie et montre aux gens comment parvenir à une vie meilleure et plus grande.

Voyez-vous, ce que vous devenez est bien plus important que ce que vous obtenez. La question importante à se poser au travail n'est pas : qu'est-ce que j'obtiens ?
Au lieu de cela, vous devriez vous demander ce que je suis en train de devenir. Obtenir et devenir sont si étroitement liés-ce que vous devenez influence directement ce que vous obtenez. La plupart de ce que vous avez aujourd'hui vous avez attiré en devenant la personne que vous êtes aujourd'hui.

Observez que le revenu dépasse rarement le développement personnel. Parfois, le revenu fait un saut chanceux, mais à moins d'apprendre à assumer les responsabilités qui l'accompagnent. Il diminue habituellement pour revenir au montant que vous pouvez assumer. Si quelqu'un te donne un million de dollars, tu ferais mieux de te dépêcher et de devenir millionnaire.

Un homme très riche à dit un jour « si vous preniez tout l'argent du monde et le partagiez également entre tout le monde, il retournerait bientôt dans les mêmes poches qu'avant ».

Il est difficile de garder ce qui n'a pas été obtenu par le développement personnel. Voici donc le grand axiome de la vie : Avoir plus que tu n'as, devenir plus que tu n'es.

C'est sur ce point que vous devriez concentrer le plus votre attention. Sinon, vous pourriez avoir à faire face à l'axiome de ne pas changer, qui est : Si vous ne changez pas, vous aurez toujours ce que vous avez.

Comment se forment les leaders

Ces dernières années, j'ai remarqué que quelque chose d'étrange dans le marché et ce qui m'a le plus étonné est la façon dont les gens y réagissent. Il s'agit principalement de personnes qui, pour une raison ou une autre, utilisent l'argument du fait que les leaders lisent en moyenne X livres par semaines et que c'est ce qui leur a permis d'être ce qu'ils sont. L'argument en lui-même pourrait s'avérer juste, mais ce que ces gens oublient de mentionner est beaucoup plus précieux que l'affirmation en elle-même. Oui, les leaders lisent peut-être beaucoup, voire énormément de livres, mais comment font-ils ? Là est la question.

Je me rappelle la première fois où j'ai entendu l'affirmation en question. Cela m'a bouleversé parce qu'à la base, je n'étais pas un lecteur assidu. Juste m'asseoir pour lire un livre de fiction consistait une bataille avec mon état émotionnel à plus forte raison que d'en lire un qui est non fiction. Peut-être que vous avez senti ce vide d'être en face de quelque chose sans savoir pour quelle raison. Comme vous l'aurez deviné, j'ai à peine terminé un paragraphe de ce livre que je venais de me procurer la veille. Comme toujours, cette affirmation comme quoi « Je ne suis pas fait pour lire » a commencé à prendre place, m'éloignant de plus en plus de ce livre qui aurait pu améliorer (ou pas) ma vie de l'époque.

Quelques années plus tard, j'ai rencontré une personne qui a réussi dans le domaine qu'elle voulait. Cette personne m'affirmait que l'ingrédient de son succès était de lire un livre par jour.

« Un livre ? Non, c'est une blague ! Moi je n'arrive même pas à terminer deux paragraphes ». C'est après cette rencontre que ma curiosité pour découvrir ce qui se cachait derrière cette performance a pris de l'ampleur. J'ai alors décidé de lire au moins deux pages d'un livre dans la journée. Toutefois, après un certain temps, je n'y arrivais toujours pas. Il y avait toujours cette petite excuse à la con qui venait prendre le dessus. J'ai alors décidé de changer de stratégie. C'est à ce moment-là que j'ai découvert les quatre points suivants quant à la manière d'apprendre comme un leader.

1. *Quand ils apprennent, ils savent pour quelle raison*

Au début, je n'avais aucun objectif réel en lisant un livre ou en suivant une formation. Ma seule envie était de savoir ce que l'auteur a énoncé, espérant découvrir un secret magique. Cependant, à quoi bon savoir quelque chose si vous ignorez à quoi cela pourra vous servir après ? Dans la vie précisément dans le monde du Business ou de l'accomplissement personnel, il faut une constante amélioration pour ne pas perdre l'équilibre, d'où le besoin de constamment acquérir de nouvelles connaissances et/ou de développer de nouvelles compétences afin de vous aider à améliorer ce que vous souhaitez améliorer.

J'ai alors déniché ma situation et je me suis retrouvé avec un objectif à atteindre en lisant ce dernier. Toutefois, encore une fois, je me suis retrouvé face à un livre que j'avais choisi avant même de spécifier l'objectif que je souhaitais atteindre. Grosse gaffe à éviter. Il faut donc choisir le livre uniquement après avoir déterminé ce que vous voulez améliorer dans votre vie. Ce choix se fait après une analyse complète du titre, du sommaire et du résumé du livre non pas forcement sur ce que les gens disent du livre, bien que cela pourrait vous aider souvent. Votre critère de sélection dépend de vous et de ce que vous cherchez. La sélection du livre peut provenir de vos goûts, tout comme de l'impression que vous avez sur la façon de faire de l'auteur et de son histoire. Quant à votre objectif, il pourrait être, par exemple, de savoir ce que l'auteur a fait quand il s'est retrouvé face à ce processus qu'il a suivi pour lancer ce produit.

Un bon leader est toujours à la recherche d''éléments clés pour accroître ses performances sur les plans familial, personnel et financier.

2. *Ils ne lisent pas tout le livre*

Quand j'ai enfin commencé à lire le livre, j'ai lu une page, puis une autre et encore une autre. Me voilà rendu à la troisième page des 200. Je ne vous cacherai pas que ça démotive après trois jours de lecture. Bien que les propos de l'auteur me semblent pertinents, j'étais impatient de découvrir ce que je cherchais. C'est là que j'ai découvert ce deuxième point.

Vous n'êtes pas obligé de lire tout le livre, ni dans l'ordre. Pourquoi ? Eh bien, généralement, plus 40% d'un livre représente une mise en contexte. L'auteur introduit le sujet avec tous les éléments nécessaires pour vous éviter d'aller chercher dans d'autres livres.

C'est ainsi, qu'en lisant leur livre, les leaders ayant un objectif en tête, la plupart du temps, défilent les pages jusqu'au chapitre qui les intéresse, le chapitre où ils pensent pouvoir dénicher les réponses à leurs questions. Une fois à ce chapitre, ils notent séquentiellement ce qu'ils apprennent en laissant des marqueurs dans le livre.

Autrement dit, ils l'utilisent comme un bloc note. Cela permet notamment de se retrouver facilement quand on souhaite revoir les notions d'un livre, et ce, même plusieurs mois après l'avoir lu.

3. *La plupart du temps, ils prennent des raccourcis*

Le temps, comme vous le savez, est l'élément le plus essentiel dans notre vie.
L'astuce est la suivante : tant que vous pouvez prendre des raccourcis, prenez-en.
Au lieu de passer des temps fous à lire sur la façon de monter un produit, cherchez quelqu'un qui l'a déjà fait et demandez-lui comment il a fait. Ce n'est pas pour rien que le métier de coach a pris de l'ampleur ces dernières années. Si bien que beaucoup en font un business lucratif.

Vous n'avez toujours pas besoin de lire un livre pour savoir ce que vous voulez, vous avez juste besoin d'atteindre votre objectif. Que cela se fasse en lisant, en écoutant un livre ou alors à travers un mentorat, cela n'a pas vraiment d'importance.
De grands leaders payent des coachs qualifiés des milliers de dollars juste pour que ces derniers leur dénichent toutes les astuces possibles pour résoudre le type d'énigme en face d'eux. Ils délèguent alors cette tâche, souvent ennuyante, d'aller choisir, lire et noter tout ce qui pourra les intéresser.

L'élément le plus important est de savoir ce que vous voulez savoir en très peu de temps.

4. *Quand ils apprennent, ils appliquent*

J'ai récemment lu un article dans lequel il était mention d'un coach qui discutait avec son client. Après avoir mis en place un plan détaillé sur la façon d'atteindre son objectif, le coach lui demanda, « implémenterais-tu ce que je viens de t'enseigner ?». A sa grande surprise, le client répond « je ne crois pas, non». « Mais, je viens de te détailler tout ce dont tu as besoin pour atteindre ton objectif, pour quelle raison alors ? », répéta le coach. « Eh bien, parce que ce plan me demandera de changer des choses dans mon quotidien et je n'ai pas envie de cela », dit le client. D'ailleurs, il a raison. En effet, cela pourrait souvent vous demander de changer ce que vous faites quotidiennement.

Quand vous souhaitez résoudre l'énigme, il faut changer les dés vers ce que vous souhaitez. Peut-être juste pour un moment, mais faites-les pour voir ce que ça donne. Ceux qui réussissent dans un domaine de leur vie ne sont pas plus intelligents que vous. La seule différence est qu'ils implémentent au moins 90% de ce qu'ils apprennent. «Quand vous voulez un bon résultat, apprenez des meilleurs et appliquez». Appliquer ne veut en aucun cas dire« répéter la même chose » mais plutôt, comprendre le principe et l'implémenter selon ses propres variables.

Aujourd'hui, je rencontre souvent des personnes qui participent à un séminaire de développement personnel. Ils en sortent boostés jusqu'au cou avec une conviction réelle de faire avancer les choses dans leur vie, mais se retrouvent, trois jours plus tard, en train de procrastiner comme si de rien n'était. Voyez-vous où je veux en venir ? Vous pouvez apprendre tout ce que vous voulez, prendre le meilleur coach au monde, mais si vous n'avez pas cette capacité d'appliquer, vous ne faites que perdre votre temps.

C'est en pratiquant que se forme un leader.

Pour finir, il y a cette question à laquelle je souhaite répondre.

Pourquoi les leaders apprennent-ils constamment ? Parce qu'ils savent qu'il y a quelque chose, quelque part, qu'ils ignorent et qui pourrait être meilleur pour eux dans leur entreprise ou dans leur vie familiale. Eh oui, un leader est aussi ce père ou cette mère de famille qui gère son foyer.

Le Développement Personnel et la Réussite

A l'heure où le développement personnel tient rôle d'un véritable moteur dans le cadre professionnel, il faut savoir qu'il joue également un rôle clé dans tous les aspects de la vie courante. Levier conduisant vers le cheminement personnel, le développement de soi permet dans un premier temps de se connaître soi-même, mais surtout de faire le point sur ses valeurs, ses besoins et ses envies. Ouvrant droit à une vie plus heureuse et plus épanouie, il est à la clé de la réussite, tant sur le plan personnel que professionnel, apportant tout simplement des changements profonds dans la vie d'un individu.

Dans la mesure où il s'agit d'une qualité qui s'acquiert, voici quelques pistes vous permettant de booster votre développement personnel grâce à des éléments motivateurs puissants et accessibles à tous.

- **Faites abstraction du passé**

Pour réussir dans la vie comme dans tout ce qu'il y a à entreprendre, le développement personnel s'avère indispensable pour parvenir à aller au bout des choses. La vie d'un individu repose effectivement sur des choix qui doivent correspondre à ses valeurs personnelles. Autrement dit, pour se réaliser comme pour réussir professionnellement, il est essentiel de miser sur le développement de soi.

Pour cela, la première chose à faire est faire abstraction du passé au moment de prendre une décision. Certes, le passé fait partie de votre histoire et c'est en grande partie grâce à vos expériences passées que vous êtes aujourd'hui à ce stade de votre vie. Ce qu'il faut comprendre pourtant, c'est que la nature humaine veut que lorsqu'une personne pense à son passé, elle a tendance à se focaliser sur les expériences négatives, ce qui l'empêche d'avancer dans sa vie tout simplement.

❖ Déterminez vos valeurs

En d'autres termes, dans votre quête de l'épanouissement et du bonheur, vous devez avant tout apprécier le moment présent et oublier le passé.

En vivant pleinement le moment présent, vous allez pouvoir procéder à une introspection, indispensable pour déterminer quelles sont réellement vos valeurs personnelles. Apprendre à se connaître et identifier ses vraies valeurs vous autorise à vous dévoiler tel que vous êtes vraiment, à mettre en avant votre vraie personnalité. Ainsi, vous pourrez ensuite sur le point sur votre mode de vie actuel, et définir s'il correspond ou non à vos valeurs. En procédant de cette manière, vous allez découvrir par vous-même quels sont les freins qui vous empêchent aujourd'hui de connaître l'épanouissement total et de vivre plus heureux. Vivre en accord avec vos valeurs vous permet de tracer le chemin qui vous conduira vers le développent de soi.

❖ Incarnez votre potentiel véritable

Parce que vous n'avez qu'une vie, l'essentiel est de ne pas passer à côté. De ce fait, pour réussir sa vie, il est primordial d'incarner son potentiel véritable. Concrètement, vous devez apprendre à avoir votre propre point de repère, indispensable pour regagner confiance en vous.

En effet, la réalité est telle qu'en passant notre temps à comparer notre vie à celle des autres, nous perdons de vue tout ce à quoi nous avons toujours rêvé. Concentrez-vous plutôt sur vos envies, vos attentes et avancer dans la vie à votre propre rythme. Vous devez croire en vous en ce que vous faites, et faites en sorte de toujours chercher l'amélioration dans vos moindres entreprises. Apprenez à être fier de vos progrès, de vos accomplissements et continuez à avancer en visant votre bien-être et votre bonheur.

❖ Cultivez vos points forts

Vous l'aurez donc compris, votre bonheur se trouve entre vos mains. Il n'en tient qu'à vous de reprendre le contrôle de votre vie pour en faire un succès. Pour y parvenir, concentrez-vous sur vos points forts. Vous avez peut-être pris conscience de certains d'entre eux, mais n'hésitez pas non plus à comptabiliser ceux que les autres-notamment vos proches, vos amis, vos collègues-vous trouvent. Apprenez donc à accepter les compliments d'autrui, car si une personne vous trouve serviable, c'est sûrement le cas et vous n'avez pas à en douter. En exploitant ces points forts, ces derniers vous serviront de lanternes pour guider vos pas vers la bonne direction. Autrement dit, cultiver ses points forts, c'est les améliorer de sorte à ce qu'ils vous servent de levier dans votre évolution.

❖ Développez votre autonomie

En focalisant votre énergie sur vos points forts, vos forces tout simplement, vous devez aussi développer votre autonomie. Il s'agit là d'un élément clé de votre réussite, que ce soit dans la vie privée ou dans le cadre professionnel. En gagnant en autonomie, vous garderez plus facilement le contrôle de votre vie, sans avoir à subir les pressions des autres ni devenir l'esclave des circonstances. Adopter un esprit autonome n'est pas facile, dans la mesure où nous dépendons tous encore de tant de choses. Pour y accéder, commencez par faire un inventaire de votre personne, des choses que vous savez faire. En commençant par de petites activités, apprenez à faire les choses de manière indépendante en misant uniquement sur vos propres moyens. En adoptant cette nouvelle habitude, vous gagnerez rapidement en autonomie.

❖ Changez d'état d'esprit

Une fois autonome, vous réaliserez rapidement que progressivement votre état d'esprit changera également. Il est clair que pour avancer dans la vie, tout doit changer à commencer sa manière de voir la vie en général. Vous devez effectivement apprendre à voir le bon côté des choses, et non vous focaliser sur vos échecs ou encore vos éventuelles erreurs commises dans le passé. Positiver est essentiel dans votre quête de l'accomplissement de soi, indispensable pour gagner en estime de soi et développer l'aptitude de se dépasser. La positive attitude vous permet de réaliser d'une part quelles sont vos limites. D'autre part, un tel état d'esprit vous aide dans votre capacité à vous dépasser, à dépasser vos propres limites. Il faut comprendre en effet que se dépasser, c'est faire un effort de plus et rechercher perpétuellement l'évolution qui est la clé de votre épanouissement.

❖ Adoptez une vision de succès

Le plus souvent, nous nous servons de nos limites pour excuse, comme quoi elles nous empêchent d'évoluer, d'avancer dans notre vie. Or ce qu'il faut savoir c'est que ces limites vous aident justement à découvrir quels sont réellement vos potentiels et jusqu'où vous êtes prêt à aller pour vivre une vie plus heureuse.

Pour parvenir à vous dépasser, ayez une vision de succès, autrement dit en voyant les choses plus grandes. Concrètement, vous vous devez d'être ambitieux si vous aspirez réellement à réussir votre vie. Vous vous devez donc de croire en vos rêves et tout faire afin de les concrétiser. Inspirez-vous par exemple du *succès story* de ces hommes d'affaires qui sont partis de rien, sans même avoir de diplôme, et qui sont aujourd'hui à la tête d'une entreprise d'envergure mondiale.

❖ **Agissez, osez prendre des risques**

Attention toutefois, croire en ses rêves est une chose, leur donner forme est une toute autre affaire. En effet, pour réussir votre vie, votre unique mot d'ordre est l'action. En amour comme au travail, vous vous devez d'agir pour espérer avec des résultats concrets. Dès lorsqu'une idée vous vient en tête et qu'elle peut vous aider à atteindre l'épanouissement, vous vous devez d'agir immédiatement. Il faut comprendre clairement que tous autant que nous sommes, misons trop sur la procrastination, en attendant que les circonstances soient plus favorables pour passer à l'acte. Pourtant, c'est justement en agissant que vous pouvez faire en sorte que les circonstances vous soient favorables dans votre quête de l'accomplissement de soi. Comme quoi, pour réussir il faut déjà être en mesure de prendre certains risques.

❖ **Avancez en dépit de vos craintes**

Prendre des risques, c'est oser sortir de sa zone de confort et avoir le courage de faire face à l'inconnu. Ce qui vous empêche aujourd'hui de vous épanouir pleinement et de vivre plus heureux, c'est certainement votre peur de l'échec, un réflexe tout à fait normal. Pourtant, croire en soi et en sa capacité à réussir est un des facteurs de votre succès. Alors si vous voulez accéder au bonheur, vivre plus sereinement et de manière apaisée, vous devez avancer en dépit de vos peurs, de vos craintes. En d'autres termes, quelle que soit la difficulté à laquelle vous allez devoir faire face, vous devez être en mesure d'identifier le problème pour parvenir à le surmonter et trouver une solution adaptée pour pouvoir continuer votre route.

❖ **Adoptez un esprit critique envers soi**

Enfin, il faut savoir aussi que la réussite ouvre ses portes aux personnes dotées d'un esprit autocritique. L'autocritique vous permet effectivement de réaliser que comme tout le monde vous êtes en aucun cas parfait, et que vous pouvez commettre des erreurs. Apprenez alors à accepter vos erreurs et à en assumer l'entière responsabilité. Cela vous permet d'une part de reproduire les mêmes erreurs dans le futur. D'autre part, l'autocritique vous permet de vous améliorer constamment. Par ailleurs, sachez que c'est en évoluant que vous serrez en mesure de vous accomplir, aussi bien dans le cadre du travail que dans la vie de tous les jours.

Facteur clé de la croissance personnelle et levier de réussite, le développement personnel est une qualité qui s'acquiert. Parce qu'il en va de votre bien-être et de votre épanouissement personnel, travailler sur le développement de soi est devenu indispensable au XXIe siècle. En effet, que ce soit dans le cadre professionnel ou dans le cadre de la vie quotidienne, l'accomplissement de soi joue un rôle majeur, tant dans la capacité de l'individu à évoluer dans l'environnement dont il n'a pas toujours le contrôle, tant dans sa faculté à s'affirmer aux yeux du monde extérieur, que dans son aptitude à s'épanouir sur le plan relationnel. Aussi, pour vivre plus heureux, serein et apaisé, hormis ce qui est énoncé dans les paragraphes précédents, voici une guide sur les techniques et exercices qui vous garantissent d'atteindre efficacement le développement de soi.

❖ Le lâcher-prise pour gagner en autonomie

Pour s'épanouir en tant qu'individu, vous devez aussi apprendre à lâcher-prise. Beaucoup de personnes sont aujourd'hui incapables de vivre heureuses, bien qu'elles aient tout ce dont elles ont besoin pour connaître le bonheur. Le passé, une déception amoureuse, un conflit avec un proche… Sont autant de problèmes constituant des freins vous empêchant d'avancer dans votre vie. Aussi, apprenez à lâcher-prise, à vous libérer de ses fardeaux ne vous autorisant pas à vous épanouir pleinement.

Afin d'avancer, vous devez oublier le passé, régler vos problèmes de manière à regagner de l'autonomie. Inconsciemment, vous vous bloquez dans votre bulle et vous perdez ainsi le contrôle de votre vie. Maîtrisez sa vie, c'est savoir ce que vous avez besoin aujourd'hui, quel rêve vous caressez et quels moyens vous disposez pour l'atteindre. Vous l'aurez donc compris, votre bonheur se trouve entre vos mains, et il n'en tient qu'à vous de faire en sorte que les choses changent afin que vous puissiez vous épanouir.

❖ Vivre le moment présent en toute simplicité

En d'autres termes, le développement personnel passe par le changement. Pour aspirer à un avenir meilleur, vous devez commencer par vivre le moment présent. Savourez chaque instant de votre vie et faite le point sur toutes ces choses que vous souhaitez améliorer, voire changer. Vivre l'instant présent, c'est apprendre à apprécier ce que vous avez aujourd'hui, nécessaire pour vivre dans la simplicité. Si vous avez tant de mal actuellement à vous accomplir, c'est que vous vous compliquez l'existence inconsciemment.

En cherchant la perfection, en tant que personne, mais aussi sur le plan matériel, vous passez à côté des petits plaisirs de la vie qui sont à votre portée. Vous êtes en bonne santé, vous avez une famille et des amis qui vous aiment, un travail vous permettant de vivre correctement, que vous manque-t-il alors pour vous sentir heureux (se) ? Il s'agit là d'une question existentielle à laquelle vous êtes seul (e) à pouvoir répondre honnêtement, en prenant en compte vos désirs et besoins.

Il sied de rappeler que certaines personnes préfèrent laisser les choses telles qu'elles sont. La simple idée d'apporter des changements dans leur vie leur font peur. Ils doivent pourtant savoir qu'une telle attitude n'apporte rien de positif dans leur vie. Celle-ci leur empêche de s'ouvrir à de nouvelles opportunités. Si vous visez l'épanouissement, le succès, le bonheur, vous devez travailler constamment votre développement personnel. Ce dernier, également appelé croissance personnelle ou épanouissement personnel est un ensemble de mesures ayant pour objectif final la connaissance de soi, la maîtrise des émotions, la valorisation des capacités intellectuelles, et la concrétisation de ses rêves. L'importance de la croissance personnelle est variable selon les besoins et objectifs de chaque individu.

Elle consiste à travailler ses compétences et ses attitudes, de manière à favoriser l'atteinte d'un objectif qu'on s'est même fixé. Quel que soit le but visé, la première étape consiste à apprendre à se connaître. Quelles sont vos qualités ? Quels sont vos défauts ? Qu'est-ce qui vous empêche d'atteindre vos buts ? Vous devez savoir où en êtes-vous sur le plan personnel ou professionnel pour pouvoir déterminer où vous souhaitez aller. Une meilleure connaissance de soi permet de définir les objectifs à atteindre et de spécifier les stratégies à adopter pour y parvenir.

Tout le monde peut tirer avantage d'un développement personnel. Ce dernier peut avantager les personnes à la recherche de meilleurs débouchés professionnels. Les démarches peuvent alors consister en l'acquisition de nouvelles compétences ou connaissances supplémentaires. Le développement personnel peut aussi largement aider les personnes qui ont tout simplement besoin de s'améliorer. Ces personnes ont pris conscience de leurs défauts et essaient de les corriger. L'épanouissement personnel peut se traduire chez certaines personnes par l'amélioration de la confiance en soi, par une meilleure gestion de leurs émotions ou de leur dépendance.

L'importance du développement personnel est plus élevée chez les individus qui ne se sentent jamais satisfaits. Ces personnes cherchent constamment à se perfectionner pour atteindre leurs objectifs.

Vous vous demandez qu'est-ce que vous aurez à gagner en travaillant votre développement personnel ? En effet, les avantages de la croissance personnelle sont multiples. En milieu professionnel, il est considéré comme un instrument indispensable à la compétition. Vous pouvez vous développer personnellement pour vous démarquer de vos collègues ou favoriser votre réussite professionnelle. Vous pouvez également vous servir de cet outil pour faire face à tous les défis de la vie. Il peut vous apprendre à combattre vos peurs et à vous échapper de votre zone de confort. Il vous permet de vaincre la timidité, votre crainte de prendre la parole en public ou d'assumer la fonction d'un chef d'équipe, etc.

Le développement personnel peut également vous permettre de stimuler votre créativité, de donner vie à vos idées, de concrétiser vos projets les plus chers. Il peut vous aider à vous ouvrir à de nouveaux horizons et de surpasser vos limites. Vous pouvez aussi utiliser des techniques de développement personnel pour mieux gérer le stress, la maladie du siècle.

Comme vous pouvez donc le constater, le développement personnel renvoie à toutes les activités proposant de développer une connaissance de soi, de valoriser ses talents et potentiels, de travailler à une meilleure qualité de vie, et à la réalisation de ses aspirations et de ses rêves. Les avantages sont nombreux, à vous de les faire venir vers vous !

Comment faire de votre vie une source de positivité ?

Vous savez très bien que votre état d'esprit est décisif, à chaque minute de votre vie. Il vous permet de vous dépasser, de vous donner à fond, d'exprimer l'étendue de vos qualités, de votre courage, de votre force. Et en ce sens, vous comprenez bien que positiver vous aidera à mieux vivre.

Comme on le dit souvent, tout est question de conscience : la différence entre celui qui voit le verre à moitié vide et celui qui le voit à moitié plein n'est pas que dans la conception. Elle est dans le quotidien, dans la façon de vivre sa vie. Votre priorité, c'est de lâcher prise et de rester connecté avec vos émotions. Des détails peuvent tout changer. Votre attitude détermine votre niveau de sérénité. Si vous voulez positiver pour mieux vivre, vous pouvez adopter tout un attirail de réflexes qui feront de votre quotidien un stimulant perpétuel.
Par exemple, vous pouvez vous ouvrir sur le monde, en essayant de vous intéresser au développement personnel et en lisant chaque jour quelques articles concernant ce domaine.

Vous pouvez aussi essayer d'apprendre au moins une chose par jour et vous forcer à saluer les gens que vous croisez dans la rue, en vous interdisant d'émettre le moindre jugement.

C'est à vous de trouver ces routines positives qui correspondent à votre vie. A qui vous êtes. Et à qui vous voulez devenir.

Positiver, c'est reconnaître la force des opportunités.

Lorsqu'on recherche le bonheur où il se trouve et qu'on se décide à voir la vie sous l'angle de l'ouverture d'esprit, les événements semblent tout de suite être plus cléments envers nous. C'est d'ailleurs quelque chose que vous avez dû remarquer.

Positiver pour mieux vivre, c'est plus qu'une croyance, c'est une façon d'être.

La conscience de l'impact de cette attitude doit vous pousser à voir les obstacles comme des chances qui vous sont offertes de mettre en action votre potentiel. La personne qui positive est toujours prête à relever de nouveaux défis et voit l'existence comme un formidable terrain d'expérience. Qu'en est-il pour vous ?
On a parfois du mal à le croire, mais il ne suffit pas de grand-chose pour libérer le pouvoir qu'on a l'intérieur de soi.

❖ Comment devenir sympathique tous les jours ?

Pris dans la routine quotidienne, beaucoup finissent par négliger certaines bases de la conduite personnelle. En effet, entre la pression au travail et le stress lié au sentiment d'un marasme général, difficile de faire preuve de sympathie envers son entourage et ses proches lorsque vous sentez réellement un « dysfonctionnement » dans votre quotidien. Pourtant, il faut savoir que la sympathie ouvre bien des portes, outre le fait de rendre la vie plus agréable et plus facile tout simplement. Aussi, pour devenir plus chaleureux au quotidien, il existe quelques exercices à appliquer au quotidien.

Contrôlez son comportement envers les autres.

Il est clair que pour être plus agréable au quotidien, un travail personnel est requis. Pour ce faire, la règle d'or réside sur le fait de se comporter avec les autres de la même manière que vous souhaitez que les autres se conduisent envers vous. Cela paraît simplement à première vue, mais le plus délicat est de parvenir à contrôler con comportement envers autrui. En d'autres termes, le savoir-vivre est la clé de la sympathie. Il faut comprendre en effet que la civilité facilite les échanges avec les autres, mais permet aussi par la même occasion de s'exprimer. En effet, la sympathie ouvre droit à la communication, qui va tout simplement rendre votre quotidien plus intéressant. Le fait de pouvoir faire de nouvelles rencontres, agrandir son cercle d'amis, tenter de nouvelles expériences va également changer la vision que les autres vont avoir de vous, à savoir une personne intéressante. Cela permettra d'améliorer sa confiance en soi.

Veillez à être courtois et honnête.

D'une manière générale, il n'existe aucune technique miracle qui permet à un individu d'être plus chaleureux et agréable au travail comme à la maison. Il lui suffit juste d'améliorer son comportement au quotidien, à savoir être courtois envers les autres. La politesse est effectivement la base de la sympathie. Cela permet d'une part de retrouver de l'assurance. D'autre part, la courtoisie vous rend aussi plus accessible aux autres. Être courtois au quotidien est si simple, sans oublier que cela vous procure de la satisfaction derrière.

- Ne négligez jamais les salutations d'usage, une marque de respect toujours appréciée
- Faites des actes gentils, comme ouvrir la porte à quelqu'un ou arrêter sa voiture pour laisser les piétons traverser, des gestes faisant souvent l'objet d'une réciprocité
- Soyez attentif à ce qui se passe autour de vous, plutôt que de pianoter sur votre smartphone alors qu'on vous adresse la parole

- Soyez toujours honnête envers vous et envers les autres

Enfin, n'oubliez jamais de sourire aussi souvent que possible. Être souriant avec son entourage, des connaissances croisées dans la rue ou à des inconnus dans l'ascenseur aide effectivement à paraître telle une personne sympathique et abordable. Le fait d'être perçu comme une personne plus accessible change en effet beaucoup de choses, comme vous faire aborder plus facilement et apporter un peu de bonheur dans la vie de ses personnes qui croisent votre chemin.

❖ **Comment agrandir sa zone de confort pour être heureux**

Agrandir sa zone de confort pour être heureux, enfin oser être soi, s'affirmer, courir après ses rêves ...n'est-ce pas au final tout ce que nous voulons ? Qui que vous soyez, où que vous habitez, vous avez forcément des aspirations qui dépassent le cadre de votre quotidien.

Et certainement des peurs qui vous empêchent de vous lancer dans les projets les plus fous. Et c'est normal. Le changement, bien qu'étant la seule constante dans la vie de l'homme est aussi moteur d'appréhension, de doutes.

Alors comment faire pour accepter le changement, pour garder l'ouverture d'esprit nécessaire et la volonté d'accepter les challenges de notre quotidien et d'y voir de vraies opportunités de grandir ?

On ne peut pas révolutionner son existence entière, ses habitudes et sa manière de penser en une journée. C'est évident. Le changement, c'est comme tout, ça s'apprend. Vous devrez l'apprivoiser. Apprendre à en faire un allié.

La zone de confort, c'est ce qui vous est déjà familier. Et c'est en douceur que l'on va l'agrandir, en repousser les limites. Et d'une manière très simple.

Ce qui compte, c'est l'expérience. Le ressenti que vous avez au moment de tester quelque chose de nouveau. Élargir sa zone de confort, c'est comme se trouver en haut d'une corniche, avec un élastique attaché aux pieds.

Le moment de sauter est celui qui fait le plus peur. Mais une fois lancé, on sait qu'on relève un défi exaltant. Cela dit, on peut aussi choisir de retirer le matériel et de descendre de la corniche par le petit chemin...sans jamais savoir à côté de quoi on passe. Et en le regrettant ensuite toute sa vie.

Pas besoin de viser des choses extraordinaires directement. Vous pouvez et devez commencer simplement. Avec de petites choses qui vous prouveront que vous êtes tout simplement apte à opter pour la différence. L'important, c'est la répétition. L'habitude que prend votre cerveau à accepter la nouveauté.

Ce que vous devez faire, c'est chaque jour, faire 3 à 5 choses que vous n'avez pas l'habitude de faire. Changer votre alimentation, la musique que vous écoutez, la littérature que vous lisez, les loisirs qui occupent votre temps libre.

Commencez le plus simplement du monde. Et vous verrez qu'au fur et à mesure, vous arriverez plus simplement à accepter le changement, à refuser la peur de l'inconnu. Ce sont parfois les choses les plus simples qui fonctionnent le mieux !

♣ Développement personnel et bien-être : existe-t-il un lien direct ?

La question est plus rhétorique qu'autre chose. Car si on réfléchit à la relation existante entre développement personnel et bien-être, on s'aperçoit que la quête d'évolution, d'amélioration et des moyens de révéler son potentiel passent nécessairement par des efforts au niveau de l'état d'esprit, par la sérénité, la joie de vivre, la confiance que l'on s'accorde.

On sait par exemple que la méditation, la relaxation et l'exercice physique sont des atouts pour celui qui cherche à atteindre ses objectifs, à maîtriser aussi bien sa trajectoire que sa santé.

La santé et le désir d'aller de l'avant ne vont pas l'un sans l'autre. Si pour beaucoup la réussite est quantifiable en termes de revenus, de flux monétaires et de possessions matérielles, la vie est ainsi faite que des sonnettes d'alarme pouvant nous ramener sur terre. Vous n'êtes pas sans savoir que c'est au moment où notre santé se dégrade qu'on prend conscience de sa valeur.

Être riche, c'est bien… mais que ferez-vous si au moment d'accéder à des ressources importantes, vous vous apercevez que votre état physique ne vous permet plus d'en profiter ?

Le développement personnel, c'est avant tout une recherche d'équilibre. Et ce dernier est mis en relief lorsqu'on est capable de faire preuve d'ouverture et de ne pas se focaliser sur une seule composante de son existence (comme le travail ou au contraire, l'unique désir d'éviter les contraintes).

Comme tout le monde, vous faites face à des pressions quotidiennes. Et ce, quelle que soit votre situation personnelle. Les moments que vous accordez pour prendre soin de vous sont des soupapes de sécurité qui vous permettent de revenir à l'instant présent, de recharger les batteries, de jouir de plaisirs simples.

Sans satisfaction l'effort ne sert à rien. Car une personne qui s'améliore se doit d'être heureuse, d'avoir foi en ses capacités. Développement personnel et bien-être sont indissociables.

Ne pas concevoir une vie réussie comme orientée autour des loisirs et du bonheur d'être en famille est une erreur que beaucoup font. Alors réfléchissez correctement : pensez-vous qu'il vaut mieux s'obstiner à travailler, travailler toujours travailler… ou que vous serez plus efficace si vous êtes capable de veiller à votre bien-être personnel et à celui de vos proches ?

- **Vous voulez créer un nouvel art de vivre ? Nous vous proposons celui de la réussite !**

Beaucoup de gens pensent que la réussite est une question de capacités, de ressources, voire de chance. Ces facteurs entrent en considération, c'est une évidence. Mais ils ne sont pas les seuls-loin de là-à influencer le destin de l'individu.

Ce qui compte par-dessus tout c'est son état d'esprit, sa manière de voir, de concevoir le monde dans lequel il évolue. Et c'est exactement de cela que l'auteur veut vous parler dans cet ouvrage. Ce que l'auteur vous propose ? Créer un nouvel art de vivre. Celui qui vous mènera au sommet.

Nous avons tous nos challenges… Pauvres, riches, grands, petits, hommes, femmes… nous sommes tous confrontés au cours de nos vies à des challenges, des contraintes, des épreuves.

Et bien sûr, vous vous dites certainement que pour les autres, c'est plus facile. Car ils ont plus d'argent, plus de ceci. Moins de cela. La vérité, c'est que les montages qui se présentent à vous vous sont spécifiques car elles correspondent à vos choix.

Une personne aux ressources financières illimitées n'a pas moins de défis que vous. Ils sont différents. Et croyez-moi, vous n'aimerez pas forcement être à sa place au moment où ces derniers apparaissent.

Pour créer un art de vivre qui vous mènera à la réussite, vous devez avant tout comprendre cela : vous n'êtes pas moins bien loti que les autres. Et vous êtes maître de votre destin.

Si vous voulez réussir dans la vie, vous devez vous focaliser sur une vérité très, très importante. Et l'accepter : on trouve toujours ce qu'on cherche. Le tout est de savoir ce que vous cherchez vraiment. Et si ce n'est pas la peur de la réussite qui vous retient.

Une personne basée sur son succès trouvera, tout autour d'elle, les opportunités d'aller toujours plus loin. Elle s'éloignera de l'aigreur. Elle sera ouverte d'esprit.

La réussite, comme le bonheur d'ailleurs, c'est avant tout une décision. Et pour créer un nouvel art de vivre, il faut que cette aura touche toutes les parties de votre vie, depuis votre cordon professionnel à vos habitudes personnelles.

Une personne qui réussit prend soin d'elle, de sa famille. Gère son temps. S'accorde du repos. Fait de son bien-être une priorité. Reste « avare» de tout ce qui se passe autour d'elle. Et ne refuse jamais la difficulté. Car elle sait que c'est grâce à elle qu'elle va pouvoir mettre ses capacités à l'épreuve. Et grandir. Quel que soit le résultat.

L'échec est aussi une chose sur laquelle vous devez vous pencher. Ce dernier n'est pas une remise en cause de votre réussite. C'est un moyen de mettre le doigt sur les efforts à faire pour justement définir les détails matériels de votre aptitude à gravir les échelons.

Vous le comprenez donc, qui dit art de vivre, dit ouverture d'esprit, organisation, anticipation, sérieux, réalisme, rigueur et une vraie capacité à se focaliser sur soi. Sans jalousie. Sans se plaindre. Sans se trouver d'excuses. Est-ce votre cas ?

❖ Comment améliorer son quotidien : stop aux excuses, place à l'action !

Dans le film qu'est la vie, vous êtes l'acteur principal. Et cela, beaucoup tendent à l'oublier. A sombrer dans l'attente, la complainte. Pour justifier un certain degré d'inaction. Un manque d'ambition.

La vérité est simple. Mais aussi cinglante : on a le plus souvent ce qu'on mérite. Pas forcement au vu de votre situation de départ. Mais rien ne vous empêche de faire les efforts, de travailler pour améliorer votre quotidien.

Ne serait-ce pas là la véritable définition du développement personnel ?

Vous vous attendez certainement à des astuces pour gagner de l'argent sans rien faire… mais vous savez si vous lisez cet ouvrage que ce n'est pas la visée que l'auteur développe. Non, pour améliorer son quotidien, l'auteur se base sur de choses à la fois plus proche de vous et simples à mettre en place.

L'une des choses qui permet aux gens de réussir, d'aller de l'avant, c'est l'ouverture d'esprit. Leur curiosité. Leur volonté de toujours apprendre.

Et cela, vous devez en faire un mode de vie enfin de ne jamais perdre en motivation, de rester humble et de vivre du challenge. Ce que l'auteur vous conseille, c'est de consacrer chaque jour un temps défini pour vous former.

Quel que soit le terrain. Quel que soit le sujet. Regroupez des informations, regardez des vidéos, lisez des articles, inscrivez-vous à des formations… ne restez pas sur vos acquis.

Vous verrez que la soif de connaissances est en elle-même une quête qui permet d'éclairer son quotidien.

Votre comportement définit l'attitude qu'on a à votre égard. Pour améliorer son quotidien, il faut avant tout chercher à s'améliorer soi-même. A améliorer les relations qu'on entretient avec les autres membres de son environnement.

Parce que le climat de votre relationnel influence directement la qualité de votre vie.

Vous ne pouvez être heureux si vous êtes en permanence dans la défiance, dans la méfiance. Vous vous devez de prolonger cette ouverture d'esprit dont nous parlions, de l'adopter dans votre rapport avec vos interlocuteurs.

Tout n'est pas question d'argent ou de statut. La vie, c'est avant tout une expérience. Et c'est à vous de décider ce que vous en apprenez. Ce que vous laissez vous atteindre ou non. Ce que vous voulez faire.

Encore une fois, vous êtes le maître du jeu. Alors décider d'être heureux.

❖ Comment méditer ? voilà par où commencer

La concentration, la relaxation, le calme…autant de facteurs dont on a besoin pour analyser objectivement son parcours, sa vie, ses forces et ses faiblesses. Pour autant, quand on parle méditation, on ne sait pas vraiment à quoi s'attendre surtout si on est novice.

Alors vous visualisez peut-être une personne en position de lotus face à un temple japonais. Vous êtes sur la bonne voie, mais aujourd'hui, nous avons besoin d'adapter cette pratique à votre réalité, pour lui permettre de s'y faire une place.

Le plus important dans la méditation, c'est la motion de connexion. Avec son corps. Avec son esprit. Et cette connexion a besoin de s'établir dans un endroit sain. Qui soit considéré comme personnel et protégé.

Vous vous demandez comment méditer… mais la première question, c'est où ? Où pourrez-vous faire parler votre conscience sans être dérangé ? Par le bruit, les odeurs, les ondes négatives. Avant toute chose, vous devriez définir votre espace.

Qu'il soit chez vous ou ailleurs n'importe pas. Mais vous devez vous y reconnaître, vous y sentir apaisé.

Comment alors méditer une fois le lieu choisi ? Comme l'auteur l'avait épinglé avant, la méthode importe peu. Certains font de longs exercices de respiration. D'autres du Yoga ou encore de l'écriture. Ce qui doit être votre priorité, ce sont les questions que vous vous posez et la profondeur avec laquelle vous vous permettez d'y répondre.

La méditation n'est rien d'autre qu'une analyse de votre âme, de votre ressenti. Et comme vous le savez, celui qui contrôle ses émotions contrôle son futur.

La méditation est aussi favorisée par le focus accordé son bien-être. Alors oui, c'est vrai que l'hygiène et le Feng-shui peuvent aider à stimuler cet état d'esprit relevant d'une plus grande spiritualité.

Mais le feu, il est en vous. Si vous voulez savoir comment méditer, c'est déjà que vous cherchez à ouvrir les bonnes portes. Et si cette œuvre d'esprit peut vous aider, c'est surtout dans votre cœur que vous trouverez la réponse. Car il en existe autant que d'individus !

❖ Apprendre à vivre le moment présent : comment s'y prendre ?

La vie d'un homme, c'est un ensemble d'événements, d'occurrences qui finissent par le former. Par l'influencer. Par définir qui il est. Qui il peut devenir. Cette capacité de réflexion, c'est notre grande chance, notre grand avantage. Elle nous différencie de l'animal mais est aussi une source de doute.

Car au lieu de nous contenter d'agir en écoutant notre instinct, nous analysons tout. Sous l'angle du risque. Du gain éventuel. C'est une bonne chose. Mais cela nous éloigne de la réalité de l'instant. De sa richesse aussi.

Alors peut-on apprendre à vivre le moment présent ? Et si oui, dans quelle direction chercher ?

Nos souvenirs sont influencés par notre analyse. Le futur est incertain. La vérité réside donc par définition dans le présent. Ce que vous ressentez, là, tout de suite.

En lisant ces lignes. Ce que l'auteur ressent en les écrivant. Voilà ce qui importe.

Et comme souvent lorsqu'on parle de psychologie, d'impact sur l'état d'esprit, c'est la conscience des choses qui importe.

Alors gardez cela en mémoire. Lorsque vous voulez faire quelque chose, ne pensez pas nécessairement aux bénéfices, aux risques mais au plaisir dégagé par la mise en action. Et petit à petit, vous vous ouvrirez d'une manière nouvelle, différente, enrichissante.

Apprendre à vivre le moment présent en s'attachant à l'importance de vos choix.

Vous allez dire que c'est un peu contradictoire, car l'auteur vient de nous parler de l'importance de ne pas se focaliser sur les risques ou les résultats.

Mais ce dont l'auteur fait allusion ici, c'est d'un savoir. C'est d'une capacité à comprendre qu'autour de vous se trouvent des opportunités.

Et que chaque décision, que vous la considérez bonne ou mauvaise, fera apparaître ces opportunités. Il n'est même pas question de les étudier. Car elles sont entourées d'incertitude.

Ce qui est certain en revanche, c'est que votre vie sera beaucoup plus enrichissante, beaucoup plus profitable si vous osez prendre des décisions, aller sur terrain, et que vous vous attachez à vous concentrer sur les choix que vous avez devant vous.

Vous pouvez agir ou vous retenir. Mais pour apprendre à vivre le moment présent, il n'y a pas 36 solutions. Vous devez vous désinhiber, sauter le pas. Affrontez vos peurs.

Percevez-vous comme en haut d'une falaise. Vous avez un élastique aux pieds. Vous pouvez sauter et faire une expérience incomparable. Ou descendre de la falaise sans oser. Et vivre dans le regret. L'instant présent, c'est une opportunité de changer votre vie. Et l'intérioriser est primordial.

❖ Peut-on apprendre à vivre et si oui, comme faire ?

Apprendre à vivre, réussir sa qualité de vie, changer de vie, révolutionner son quotidien, développer ses capacités… Voilà des termes qui sont très parlants, mais qui font peur.

Pourquoi ? Car quand vous les entendez, vous pensez instantanément risques, obstacles, bouleversements et conséquences potentiellement négatives. Vous pensez travail rébarbatif. Implication presque surhumaine dans l'analyse de chacun des aléas de votre vie.

Et pourtant vous apprenez à vivre tous les jours. Oui l'analyse de vos ressentis et de vos réflexions vous met sur ce chemin…il n'y a rien de bien sorcier là-dedans. Rien de si traumatisant.

C'est souvent l'inconnu qui fait peur. Et c'est encore le cas ici. Vous voulez apprendre à vivre ? Commencez par regarder la vérité en face.

A chaque jour un enseignement. Vous avez très certainement des objectifs personnels importants. Des rêves. De hautes aspirations. Et c'est très bien. Quand vous regardez dans cette direction, vous voyez ceux qui ont réussi. Et vous voulez prendre exemple sur eux. C'est normal.

Mais n'oubliez jamais que ces personnes-là ont été à votre place. Elles ont pavé le chemin de leur vie pour en arriver là. Cela signifie que comme vous, elle ont dû faire des efforts. Croire en elles. Accepter le fait qu'on ne puisse pas tout avoir en un claquement de doigts.

Mais surtout, surtout, elles ont connu l'échec. Nous l'avons connu. Votre voisin l'a connu. Vous l'avez connu. L'important, c'est ce que vous en faites. La décision que vous prenez une fois qu'il survient.

Verrez-vous cela comme un désaveu ? Une preuve de votre incapacité ? Ou comme une invitation à cerner les faiblesses pour mieux les gommes ?

Apprendre à vivre, c'est avant tout une question de positionnement psychologique. C'est accepter ce qui vous arrive et comprendre que vous pouvez changer cette situation. En faisant des choix conscients, en décidant de voir les opportunités qui vous entourent.

Mais pour en être capable, vous devez avant tout être apte à vous dire qu'effectivement, vous pouvez toujours apprendre. Que chaque expérience peut vous apporter quelque chose.

Une fois ceci compris, votre panification sera différente. Car vous intégrerez le manque de réussite à votre évolution. Une mauvaise note à l'école ne fait pas de vous un mauvais élève. Cela vous montre simplement quels efforts vous devez faire. Et vous permet d'anticiper les actions à mener pour effectivement vous placer sur la route de succès.

Apprendre à vivre, c'est avant tout apprendre à se connaître.

❖ Pourquoi la méditation aide au développement personnel ?

La question peut paraître simple, futile et pourtant beaucoup de gens veulent en savoir un peu plus. Et comme vous le savez sans doute, il en existe de très nombreuses formes. Méditer, ce n'est pas juste fermer les yeux et laisser ses émotions parler.

C'est plus que ça. C'est faire le vide. C'est se permettre de se recentrer sur l'important. D'écouter son corps mais aussi son esprit. De créer une passerelle entre les deux. De s'accorder du temps pour refuser la superficialité et aller dans le profond, dans l'introspection, la réflexion sur le sens de notre vie.

Pourquoi la médiation aide au développement personnel ? Parce qu'elle ouvre un nouveau niveau de conscience, parce qu'elle vous donne ce temps et cette force que vous ne trouverez nulle part ailleurs.

Dans le rush du quotidien, il est difficile de rester conscient de la portée de ses choix. De la réalité des opportunités qui nous entourent. Vous réagissez sans doute au moins aussi souvent que vous agissez de manière posée et réfléchie.

Et c'est normal. Pour avancer, vous avez besoin d'un plan. De savoir où aller et comment y arriver. La méditation, elle aide justement à affiner ce plan. A analyser vos objectifs, vos actions, vos dires. A faire le vide et à vous évaluer objectivement.

Vous avez nécessairement besoin de vous retrouver seul avec vous-même. Sans la pression de votre environnement. Loin du stress de votre quotidien. La méditation aide au développement personnel, car elle permet de construire une protection vis-à-vis des jugements et de rester focalisé sur ce que vous voulez vraiment.

Qu'est-ce que le développement personnel dans le fond ?

Si vous viser l'amélioration, que vous voulez maîtriser vos émotions, comprendre le monde qui vous entoure et vous y faire une place, alors vous évoluez dans une logique de développement personnel. Expliqué comme cela, on comprend aisément que la méditation soit d'une grande aide.

Elle est le chaînon manquant de cette compréhension. Elle va vous permettre de vous arrêter sur votre ressenti, de le laisser s'exprimer. Elle ouvrira des portes en vous pour affronter plus sereinement l'avenir, pour analyser votre parcours, relativiser l'échec, comprendre comment être heureux au quotidien.

Alors oui, vous devrez vous réserver ce temps si spécial, si porteur pour développer votre vie, votre personnalité, votre confiance en soi. C'est véritablement l'une des clés de la compréhension de qui vous êtes.

Quelle importance accordez-vous à votre développement personnel ?

Quand on évoque le terme développement personnel, on pense à un ensemble de règles, de méthodes, de techniques pour améliorer sa vie. Ses performances, son efficacité. Dans tous les domaines.

Mais vous serez d'accord pour dire qu'on n'accorde pas assez de la place à la force qui réside en vous. A votre potentiel intrinsèque. Et surtout, à votre état d'esprit. De prime abord, vous doutez de vous. Et c'est le résultat des croyances diffusées dans votre environnement.

Ces outils que vous trouvez ici et là, ils sont souvent inefficaces. Et ce pour une raison simple : votre cerveau n'a pas opéré les bons réglages. Vous ne croyez pas encore que la qualité de vos émotions définit la qualité de votre vie.

C'est à vous-même que vous devrez accorder une confiance aveugle parce que l'auteur n'est pas un gourou. Il ne vous demande pas de le suivre aveuglement ni de le croire.

Et si ce n'était pas la faute de vos parents ?

Imaginez un jour vous étiez allongé dans votre lit, plongé dans une spirale infinie de remises en question. Vous savez, ces questions que vous vous posez souvent à l'âge de 18 ans. Ces questions qui font écho dans votre cœur et qui bouillonnent votre esprit. Ces questions où vous vous demandez pourquoi vous vivez ce que vous vivez jusqu'à vous retrouver en train de jouer en boucle le passage de Howard Beale dans le film «Network» où il explique à quel point la vie est de la merde.

Nous avons presque tous tenté un jour de blâmer nos parents d'une manière ou d'une autre. Peut-être qu'ils étaient trop conservateurs pour nous partager leurs erreurs. Peut-être qu'ils nous ont frappés plutôt que de nous encourager lorsque nous tentions d'être indépendants. Peut-être qu'ils étaient absents lorsque nous avions réellement besoin d'eux.

Le temps passe et nous prenons de l'âge. Nous traversons la vingtaine en essayant de découvrir qui nous sommes censés être et ce que nous sommes censés faire du temps restant de notre vie.

Cependant, les choses semblent être à notre encontre. Tout ce que nous essayons semble ne pas fonctionner. Nous sommes peut-être trop timides pour occuper ce poste. Nous sommes peut-être trop sensibles pour garder une relation. Nous sommes peut-être trop méfiants pour faire confiance aux autres.

Nous commençons alors à nous remémorer tous les choix que nos parents auraient dû prendre. Ces choix qui nous auraient peut-être permis d'être moins timides pour occuper ce poste aujourd'hui, d'être moins sensibles pour garder cette relation, ou d'être moins méfiants pour vivre pleinement avec les autres. Puis, nous veillons la nuit en espérant : « si seulement les choses pouvaient se passer autrement».

Cependant, nous oublions très souvent de nous demander une chose : « Et si ce n'était pas la faute de nos parents ?»

Découvrons ensemble l'influence réelle de nos parents à travers cette histoire.

Ayant été élevé dans un environnement réservé, Jeff avait très peu de discussions intimes avec ses parents. Chaque fois qu'il soulevait une question plus intime, il voyait ses parents esquiver la question comme un skieur évitant les obstacles. En grandissant, il s'est donc mis à penser que ses parents étaient responsables de sa timidité, jusqu'au jour où il a lu une recherche de 1988 qui mettait en éclat les faits.

Après avoir étudié la similitude de personnalité chez des centaines de paires de jumeaux élevés séparément, le psychologue Auke Tellegen et ses quatre collègues affirment qu'environ 45% de notre personnalité et de nos comportements sont basés sur la génétique. Les 55 % restants, quant à eux, sont basés sur notre environnement.

C'est assez intéressant en soi.

Cependant, il y a un élément beaucoup plus subtil qui découle de leur recherche : les jumeaux identiques qui grandissent dans la même maison avec les mêmes parents se révèlent également à environ 45% identiques et 55% différents.

Cela signifie donc que nous finissons par être ce que nous sommes, et ce, peu importe qui nous élève. Les méthodes parentales de nos parents n'ont aucun effet notable sur nos traits de personnalité permanents.

Autrement dit, nos parents déterminent les choses superficielles comme la manière dont nous nous habillons, les gens que nous côtoyons ou l'équipe de foot que nous supportons. Cependant, ils ne déterminent pas, par leurs actes, ce qui est plus important, par exemple, notre extraversion ou notre nervosisme.

Alors, vous allez certainement vous poser cette question : «Comment se fait-il que vous ressemblez tant à votre père ?»

Eh bien, n'oubliez pas que 50% de vos gènes sont hérités de lui. Cette timidité que vous pensiez avoir été victime de vos parents parce qu'ils vous ont ignoré toute votre enfance est peut-être simplement due au fait que vos parents sont eux aussi timides et peu expressifs. Donc, ce qui vous rend socialement anxieux est probablement ce qui le rend également socialement anxieux.

Si vous prenez un moment pour analyser les faits, vous découvrirez que la plupart des similitudes entre vous et vos parents peuvent s'expliquer par la génétique et pas nécessairement par le conditionnement ou la parentalité.

Supposons que votre père soit timide et que vous lui reprochez d'avoir fait de vous une personne timide. Après tout, vous avez grandi dans une maison où c'était la norme.

Cependant, il s'avère que vous étiez tous les deux prédisposés à être introvertis et non expressifs à travers la même génétique. Ce n'était donc pas un choix conscient de vous ou de votre père.

Mais attendez, cela signifie-t-il que nos parents n'aient aucune influence sur notre résultat ?

Eh bien, non. L'influence est tout simplement beaucoup plus faible que nous avons tendance à le penser.

Étant donné que 45 % de notre personnalité est déterminé par notre génétique, les 55% restant sont déterminés par notre environnement. Notre relation, avec nos parents est en quelque sorte située quelque part dans ces 55%.

A ce sujet, de nombreuses recherches suggèrent que de façon générale (sont exclues de la recherche les personnes ayant vécu des traumatismes majeurs), notre estime personnelle et notre perception de soi sont davantage influencées par notre groupe de pairs et par notre vie sociale en tant qu'enfant que par nos parents.

En d'autres termes, un mauvais parent dans un bon environnement est mieux qu'un bon parent dans un environnement de merde. L'environnement est donc important.

Un ami s'exclama un jour : « Montre-moi un enfant qui vient d'une famille avec peu ou pas d'implication parentale et je vous montrerai presque toujours un enfant en difficulté».

Ceci est tout aussi valable pour les enfants qui sont constamment protégés par leur parent. La réalité est que vous pouvez foutre en l'air la vie de votre enfant autant en le surprotégeant en le négligeant.

Bien que minime, les parents ont donc une part de responsabilité sur ce que devient leur enfant.

D'ici là, il y a une question qui tourne dans votre tête depuis un moment à laquelle nous allons devoir répondre.

A qui la faute ?

Quand il était enfant, comme tous les autres enfants, Jeff voyait ses parents comme infaillible. Ils avaient des réponses à tout et savaient ce qui était juste et ce qui ne l'était pas.

Puis, quelques années plus tard, il a commencé à s'apercevoir que ses parents avaient des défauts. Parfois, de graves défauts.

A mesure qu'il avançait en âge, durant ses vingtaines, il s'est rendu compte qu'il avait aussi des problèmes, dont beaucoup étaient similaires à ceux de ses parents.

Par conséquent, il lui était presque impossible de ne pas établir une sorte de corrélation entre le comportement de se parents en grandissant et son propre comportement en tant qu'adulte. Ils étaient trop similaires pour être ignorés.

En cherchant sur le sujet et en observant ce qui se passait autour de lui, l'auteur s'est rendu compte que la plupart des parents avaient échoué à un certain niveau avec leur enfant. Certains d'entre eux ont vraiment merdé et nous allons tous merder d'une certaine manière. Cela est en partie parce que beaucoup de nos problèmes ont des racines génétiques, mais aussi parce qu'il est tout simplement impossible de contrôler en permanence l'environnement dans lequel grandit un enfant.

Continuer à tenir nos parents responsables de leur influence négative sur nos vies, c'est revenir à l'état d'esprit d'un enfant : un état d'esprit où nous nous croyons en droit de tout arranger pour nous et où nous percevons la responsabilité de notre vie en dehors de nous-mêmes.

Cette façon de voir est compréhensible en soi. Cependant, cette vision doit être abandonnée pour avancer dans la vraie vie d'adulte.

La vraie vie d'adulte commence lorsque nous décidons d'abandonner nos attentes enfantines de ce que nos parents auraient dû accomplir pour nous.

La vraie vie d'adulte prend place lorsque nous abandonnons l'idée que maman et papa nous ont en quelques sortes donnés tous nos problèmes et que nous admettons que, peu importe d'où ils viennent, nos problèmes sont les nôtres et que nous sommes responsables de nous-mêmes.

La vraie vie d'adulte se concrétise lorsque nous réalisons que nos parents n'ont pas creusé le trou dans lequel nous nous trouvons aujourd'hui, mais qu'ils ont plutôt essayé de s'en sortir toute leur vie.

L'art d'être charismatique

Le charisme n'est pas simplement cette aura qui vous permet de séduire le sexe opposé : le charisme, c'est bien plus que cela.

Quand on observe à travers l'histoire, le monde a connu plusieurs leaders charismatiques. Ces leaders, durant toute leur quête, ont été animés par la conviction et l'engagement envers une cause. Ils ont inspiré les gens et ont communiqué à un niveau émotionnellement profond. Ces personnes ont atteint une vraie grandeur en conduisant avec succès le changement et l'amélioration, et ce même dans des situations difficiles. Malcolm X, John F. Kennedy, Abraham

Lincoln et Nelson Mandela font partie de ces leaders qui ont fait preuve d'un charisme exceptionnel.

Cependant, il y a bien un élément qui les rend si charismatiques. Un élément qui est peu abordé dans le monde, mais qui fait toute la différence. Avant de vous le présenter, revenons un instant sur le terme en question : le charisme

Qu'est-ce que c'est ?

Vous vous imaginez déjà : une personne confiante, avec une voix grave et un corps de rêve qui attire toute l'attention lorsqu'elle entre dans une pièce, et ce, sans avoir à déployer d'efforts apparents. Presque magique n'est-ce pas ?

Beaucoup de gens se concentrent sur le langage corporel, la voix et les premières impressions pour définir le charisme d'une personne. Bien que ces critères soient intéressants, ils ne sont que la touche finale d'un noyau solide de croyances.

Pour faire simple, le charisme, pour le meilleur ou pour le pire, est un type d'aura que quelqu'un dégage, qui fait croire à la personne ou aux personnes en contact avec la personne charismatique que cette dernière possède les qualités qu'elle souhaite.

En d'autres termes, il s'agit d'une personne qui est capable d'attirer l'attention de toucher émotionnellement les autres par ses mots, de suivre des valeurs ou des opinions solides sans donner l'impression de manquer de ces éléments.

Une bonne posture, une voix grave, une forte première impression et toutes les autres qualités pouvant être nommées par les gens lorsqu'ils décrivent une personne charismatique ne sont qu'en réalité une combinaison naturelle de deux règles que vous appliquez suffisamment longtemps dans votre vie jusqu'à ce qu'elles fassent effet.

Quelles sont ces règles ?

Règle numéro 1 : Soyez celui qui s'en fout (ou du moins, qui essaye)

Ce qui différencie les gens charismatiques des autres, c'est généralement le fait qu'aux moments où les autres se retiennent par peur de quelque chose, les gens charismatiques le font de toute façon. Que ce soit d'être le centre de l'attention, de faire une blague, de faire une suggestion, de donner une opinion, de tenir tête à l'autorité, d'avoir des attentes élevées ou de faire savoir ce qu'ils veulent ou ce qu'ils sont, les gens charismatiques le font peu importe leur craintes.

Ceux-ci prônent des valeurs qui se reflètent constamment dans la façon dont ils se comportent. Ces valeurs leur servent de mesure et de référence. Autrement dit, les personnes charismatiques savent ce qu'elles veulent, ont des objectifs précis et assez de confiance pour les atteindre. Cela leur procure un effet de superpuissance qui leur permet de ne pas vraiment se soucier de ce que les autres pourraient penser d'eux ou de leurs actions.

Cela ne veut pas dire que les gens charismatiques ne se soucient pas des autres ou qu'ils sont simplement des gens terribles. En fait, c'est plutôt le contraire. La plupart de temps, ils se soucient des autres et ne sont pas des connards. Cela nous amène au second point.

Règle numéro 2 : Soyez celui qui permet aux autres de se sentir bien dans leur peau lorsqu'ils sont en votre présence.

Quant vous pensez au charisme, vous pourriez penser à essayer de vous faire paraître super génial devant les autres. Cependant, le secret paradoxal du charisme est qu'il ne s'agit pas de vanter vos bonnes qualités, mais de faire en sorte que l'autre personne se sente bien dans sa peau en votre présence. Le vrai charisme vient du fait que l'autre personne se sent importante : quand elle termine une interaction avec vous, elle se sent mieux dans sa peau qu'avant.

Concentrez dons votre énergie mentale et émotionnelle sur quelqu'un lorsque vous interagissez avec lui. C'est ainsi que vous créerez ce sentiment d'importance. Les gens veulent fondamentalement de l'attention. Ils veulent être écoutés et reconnus.

La compréhension de ces deux règles est essentielle. Si vous essayez d'être charismatique, vous devez d'abord vous concentrer sur ce que vous voulez faire dans votre vie. C'est l'élément le plus crucial. Vous devez déterminer le type de personne que vous voulez côtoyer et le type de vie que vous souhaitez vivre. Ensuite, essayez de ne pas vous soucier des autres éléments qui pourraient se mettre sur votre chemin. De plus, vous ne devriez même pas vous soucier d'être charismatique.

Qu'est-ce que cela signifie ?

Eh bien, le charisme est un paradoxe. C'est une aura que vous donnez qui suggère que vous êtes dans votre propre monde avec vos propres objectifs et que vous contrôlez pleinement ce monde. En même temps, vous êtes également ouvert à explorer et à partager les perspectives du monde des autres tout en restant dans votre propre monde. Cela donne l'impression que vous êtes confiant dans votre capacité à atteindre vos objectifs et à l'aise avec vous-même, tout en étant capable de vous connecter avec les autres. C'est ce type de chaleur combiné à la puissance qui rend les personnes charismatiques si séduisantes.

Il est à noter que le charisme n'est pas nécessairement inné, mais peut être appris et exprimé dans certains aspects de la vie. Après tout, il existe une autre manière par laquelle vous pouvez atteindre le niveau de charisme souhaité.

Il est fort à parier que la manière dont s'exprime une personne est un élément fondamental de son niveau de charisme. Quand les gens charismatiques parlent, ils utilisent des mots basés sur des images. Cela passe presque inaperçu chez les gens qui les écoutent.

Lors de son investiture, John F. Kennedy, considéré comme l'un des présidents américains les plus charismatiques, a lancé le défi : « Ensemble, explorons les étoiles, conquérons le désert, éradiquons les maladies, exploitons les profondeurs de l'océan et encourageons les arts et le commence ». Contrairement à lui, Jimmy Carter a plutôt supplié : « Que nos récentes erreurs apportent un engagement renouvelé envers les principes fondamentaux de notre nation, car nous savons que si nous méprisons notre gouvernement, nous n'avons pas d'avenir ».

Le charisme de John est illustré dans son utilisation libérale de mots basés sur l'image tels que « explorer », « étoiles », « désert », « maladie» et « profondeurs de l'océan ». Jimmy, en revanche, a utilisé de nombreux mots basés sur des concepts tels que « erreurs », « engagement », « principes fondamentaux» et « savoir ». Cette différence d'expression joue énormément sur le niveau de charisme d'un leader et ne se limite pas qu'aux chefs d'État.

Martin Luther King représente un exemple typique d'une telle influence. Considéré comme étant le leader le plus visible du mouvement des droits civiques de 1955, il a dit dans son discours devant le Lincoln Mémorial : « j'ai fait un rêve qu'un jour, sur les collines de terre rouge de la Géorgie, les fils des anciens esclaves et les fils des anciens propriétaires d'esclaves pourront s'asseoir ensemble à la table de la fraternité.
J'ai fait un rêve qu'un jour, même l'état de Mississippi, un désert étouffant d'injustice et d'oppression, sera transformé en une oasis de liberté et de justice.
J'ai fait un rêve, que mes quatre enfants habiterons un jour une nation où ils seront jugés non pas par la couleur de leur peau, mais par le contenu de leur caractère. »

Tout au long de cette partie de son discours, Martin permettait au public de visualiser ce qu'il disait en utilisant des mots qui font appel à leur imagination :

des mots basés sur l'image. Cette utilisation est d'une valeur inestimable, car les gens sont plus persuadés d'agir lorsque les objectifs semblent à la fois nobles et réalisables. De plus, lorsque les valeurs qu'un leader défend se chevauchent avec celles des gens qu'il tente d'influencer, ces derniers s'identifieront davantage à lui. Ils voudront être comme lui et seront plus disposés à le suivre.

Lorsque vous aurez compris cela et que vous arrivez à le faire sainement, n'oubliez pas de faire sentir les gens bien dans leur peau. Connectez-vous avec eux. Faites attention à eux. Ils vous aimeront pour cela. Et nous espérons que vous les aimerez vraiment en retour.

Le changement commence par le choix

N'importe quel jour, nous pouvons nous discipliner pour apporter des changements importants dans notre vie. N'importe quel jour, nous pouvons ouvrir le livre qui nous ouvrira l'esprit à de nouvelles connaissances. N'importe quel jour, nous pouvons commencer une nouvelle activité. N'importe quel jour, nous pouvons commencer le processus de changement de vie. Nous pouvons le faire immédiatement, ou la semaine prochaine, ou le mois prochain, ou l'année prochaine.

Nous ne pouvons rien faire non plus. On peut faire semblant plutôt que de jouer. Et si l'idée d'avoir à nous changer nous rend mal à l'aise, nous pouvons rester comme nous sommes. Nous pouvons choisir le repos plutôt que le travail, le divertissement plutôt que l'éducation, l'illusion plutôt que la vérité et le doute plutôt que la confiance. C'est à nous de faire les choix. Mais pendant que nous maudissons l'effet, nous continuons à nourrir la cause.

Comme Shakespeare l'a fait remarquer, « La faute n'est pas dans les étoiles, mais en nous-mêmes. » Nous avons créé notre situation actuelle par nos choix passés. Nous avons à la fois la capacité et la responsabilité de faire de meilleurs choix dès aujourd'hui. Ceux qui sont à la recherche d'une bonne vie n'ont pas besoin de plus de réponses ou de plus de temps pour réfléchir et arriver à de meilleures conclusions. Ils ont besoin de la vérité.

Ils ont besoin de toute la vérité. Et ils n'ont besoin que de la vérité. Nous ne pouvons pas permettre que nos erreurs de jugement, répétées chaque jour, nous conduisent sur la mauvaise voie. Nous devons continuer à revenir aux principes de base qui font la plus grande différence dans la façon dont notre vie fonctionne. Et puis nous devons faire les choix mêmes qui apporteront la vie, le bonheur et la joie dans notre vie quotidienne.

Si vous n'aimez pas comment les choses sont, changez-les ! Vous n'êtes pas un arbre. Vous avez la capacité de transformer totalement tous les domaines de votre vie et tout commence avec votre propre pouvoir de choix.

Vous devez savoir que la vie est faite de changements constants et prévisibles, et le seul facteur constant sera nos sentiments et nos attitudes à l'égard de la vie.

En tant qu'êtres humains, nous avons le pouvoir d'attitude et cette attitude détermine le choix, et le choix détermine les résultats. Tout ce que nous pouvons devenir nous a en effet été laissé, à nous décider et d'interpréter par notre attitude et nos choix.

La vie est comme les saisons qui changent. Vous ne pouvez pas changer les saisons, mais vous pouvez changer vous-même. La première grande leçon à tirer de la vie est donc de savoir comment gérer les hivers. Ils viennent régulièrement, juste après l'automne. Certaines sont longues, d'autres sont courtes, d'autres sont difficiles, d'autres sont faciles, mais elles arrivent toujours juste après l'automne. Cela ne changera jamais.

Il y a toutes sortes d'hivers : « l'hiver» quand on n'arrive pas à s'en rendre compte, « l'hiver » quand tout semble aller de travers. Il y a des hivers économiques, des hivers sociaux et des hivers personnels.

L'hiver peut être source de déception, et la déception est commune à nous tous. Vous devez donc apprendre à gérer les hivers. Vous devez apprendre à gérer la difficulté, elle vient toujours après l'occasion. Cela ne changera jamais.

La grande question est de savoir ce qu'il faut faire en hiver. On ne peut pas se débarrasser de janvier simplement en l'arrachant du calendrier. Mais voici ce que vous pouvez faire : vous pouvez devenir plus fort, vous pouvez devenir plus sage, vous pouvez devenir meilleur. Rappelez-vous ce trio de mots : plus fort, plus sage, meilleur. Les hivers ne changeront pas, mais vous le pouvez.

Ne souhaitez pas que ce soit plus facile, souhaitez que vous alliez mieux. Vous ne souhaitez pas moins de problèmes, vous souhaitez plus de compétences. Vous ne souhaitez pas moins de défis, vous souhaitez plus de sagesse.

L'espoir est le principe fondamental de tout changement. Les gens changent parce qu'ils ont de l'espoir, et si les gens n'en ont pas, ils ne changeront pas.

Vous êtes responsable des changements que vous apportez dans votre vie.

La bonne nouvelle ? Vous pouvez changer votre vie si vous le voulez vraiment. Vous pouvez l'améliorer. Et tout commence par changer votre façon de penser.

Lorsque vous changez votre façon de penser, vous changez vos croyances. Le changement commence par l'esprit. Les croyances ne sont rien de plus qu'un sous-produit de ce à quoi vous avez pensé assez longtemps, quelque chose que vous avez acheté ; souvenez-vous toujours de cela. Ce que vous croyez, ce que vous pensez, n'est qu'un ensemble de pensées continuelles qui se sont formées en une conviction. Lorsque vous décomposez le processus de réflexion en un nombre gérable d'étapes, vous réduisez le risque perçu associé au changement.

Lorsque vous changez vos croyances, vous changez vos attentes.

La croyance est la connaissance que nous pouvons faire quelque chose. C'est le sentiment intérieur que ce que nous entreprenons, nous pouvons accomplir. Dans la plupart des cas, nous avons tous la capacité de regarder quelque chose et de savoir si nous pouvons le faire. Donc, dans la croyance il y a du pouvoir... nos yeux s'ouvrent, nos possibilités deviennent évidentes, nos visions deviennent réalité. Nos croyances contrôlent tout ce que nous faisons. Si nous croyons que nous pouvons ou que nous croyons que nous ne pouvons pas, nous avons raison.

Lorsque vous changez vos attentes, vous changez d'attitude.

Vos attentes vont déterminer votre attitude. La plupart des gens s'habituent à la moyenne ; ils s'habituent à la seconde place. Nelson Boswell a dit : « La première et la plus importante étape vers le succès est l'espoir que nous pouvons réussir. »

Lorsque vous changez d'attitude, vous changez de comportement.

Quand notre attitude commence à changer, quand nous nous impliquons dans quelque chose, notre comportement commence à changer. La raison pour laquelle nous devons faire des changements personnels, c'est que nous ne pouvons pas emmener nos gens faire un voyage que nous n'avons pas fait.

Lorsque vous changez votre comportement, vous changez votre performance.

La plupart des gens préfèrent vivre avec de vieux problèmes plutôt que de nouvelles solutions. Nous préférons rester dans la routine plutôt que d'apporter des changements. Même lorsque nous savons que les changements seront meilleurs pour nous, nous ne les apportons souvent pas parce que nous nous sentons mal à l'aise ou mal à l'aise de faire ce genre de changement. Tant que nous n'aurons pas le courage et que nous ne nous serons pas habitués à vivre avec quelque chose qui n'est pas confortable, nous ne pourrons pas nous améliorer.

Lorsque vous changez votre performance, vous changez votre vie.

Il est plus facile de transformer un échec en succès qu'une excuse en possibilité. Une personne peut échouer, se retourner et comprendre son échec pour en faire un succès. Mais une personne qui trouve des excuses pour tout ne réussira jamais vraiment. Vous ne connaissez pas des gens qui ont une excuse pour tout ? Pourquoi ils n'ont pas pu, ne devraient pas, n'ont pas, n'auraient pas, n'auront pas, ne voudront pas. Lorsque vous excusez ce que vous faites et que vous excusez où vous êtes, et que vous autorisez les exceptions, vous n'atteignez pas votre potentiel. Il est impossible de transformer des excuses en possibilités.

A un moment de notre vie, nous vivons tous ce moment. Pour certains, c'est le fond du trou. D'autres, un carrefour divin. Pour tout le monde, un point de basculement est une conjoncture parfois inexplicable lorsqu'un changement est nécessaire. Le changement est douloureux mais nécessaire.

Une crise, qu'elle s'impose d'elle-même ou qu'elle provienne d'une source extérieure comme une maladie, une perte d'emploi ou une catastrophe naturelle, peut inspirer la réflexion nécessaire pour transformer votre vie. Le plus souvent, un point de basculement est l'accumulation de mauvaises habitudes qui se transforment en une épiphanie, une crise personnelle, une maladie physique ou un comportement destructeur.

La crise peut inspirer la réflexion nécessaire pour changer votre vie.

Si vous sentez que votre monde s'effondre ou qu'un aspect de votre vie est tout simplement trop important, voici ce que vous faites :

Soyez reconnaissant. Remerciez les forces auxquelles vous attribuez (y compris celles qui vous rendent fou) l'occasion de grandir et de changer.

Sentez les sensations. Embrassez la colère, la fatigue, le ressentiment ou la peur qui vous afflige. Il n'y a pas de mauvaises émotions. Les émotions peuvent être des outils de changement positif.

Identifiez exactement ce qui ne va pas. Reconnaissez que vous êtres le dénominateur commun.

Humiliez-vous. Laissez tomber les idées sur la façon dont votre relation, votre travail et votre style de vie devraient être. Acceptez la situation telle qu'elle est et ouvrez-vous à l'idée que la situation peut être meilleure que vous ne pouvez l'imaginer par vous-même.

Le Silence : le secret des gens qui réussissent

Certains d'entre nous ont peur de se retrouver seuls dans un endroit calme et silencieux, d'autres ne supportent pas un instant passé dans l'inconnu. Ce silence, qu'on a tendance à fuir, semble être le pilier de toute réussite.

Quand nous observons de près le quotidien des gens qui ont passé les premières briques du monde moderne, il est facile de constater qu'ils s'imposaient le silence. Dans leur environnement de réflexion, loin du bruit assourdissant de cette société en évolution, ces personnes ont résolu des problèmes qui impactent le quotidien de chacun d'entre nous. Ils ont établi des approches que très peu d'entre nous ne pouvaient imaginer. Ils ont fait de ce monde ce qu'il est à ce jour, tout en exploitant les capacités inégalées de l'esprit humain. Alexander Graham Bell, Albert Einstein et Steve Jobs font partie de ceux qui ont su utiliser le pouvoir du silence pour accroître leurs performances.

Aussi effrayent qu'il puisse être, le silence a toujours été recherché par les élus. Bien avant Jobs, Bell ou Einstein, au troisième siècle, une époque beaucoup plus calme que la nôtre, les pères et les mères du désert ont prêché le silence. Au sixième siècle, Benoît de Nursie, un saint chrétien connu comme le « père du monachisme occidental », l'inclut dans sa règle des moines : une règle monastique écrite pour guider les disciples dans la vie monastique communautaire.

Un siècle plus tard, le prophète de l'islam, Muhammad, recevait les premières révélations du coran dans la grotte silencieuse de Hira. Bien avant ce jour, Muhammad effectuait de nombreuses retraites spirituelles dans cette grotte, loin des vices des Mecquois de l'époque. Durant ses retraites, il contemplait les étoiles en se questionnant à propos de la source de la création jusqu'au jour où descendit l'ange Gabriel qui lui enseigna les premiers versets du Coran.

L'histoire ne se limite pas qu'à cela. Thomas Merton, un moine qui suivant la règle de Saint Benoît et qui a vécu de temps en temps à New York raconte dans son livre « *The Seven Storey Moutain* » que : « L'atmosphère de la ville est soudainement devenue terriblement tendue avec les nouvelles qui sont sorties des radios. Avant de savoir quelle était la nouvelle, j'ai commencé à ressentir la tension, car j'étais soudainement conscient que les murmures calmes et les disparates de différentes radios dans différentes maisons étaient imperceptiblement fusionnés en une seule voix unifiée et menaçante, qui vous suivait dans toutes les directions. »

La radio était l'une des nombreuses choses que Merton était heureux de laisser derrière lui en entrant dans l'abbaye Notre-Dame de Gethsémani.

Assis dans l'obscurité et dans un silence humain, il a « commencé à entendre la nuit éloquente, la nuit des arbres humides, avec le clair de lune glissant sur l'épaule de l'église dans la brume d'humidité... » Et retrouva ses silences les plus féconds. Selon Merton, le monde des hommes a oublié les joies du silence et la paix de la solitude qui sont nécessaires, dans une certaine mesure, à la plénitude de la vie humaine.

Alors, vous allez vous poser cette question : « Pour un religieux, c'est logique non ? Dites-nous plutôt comment Steve Jobs a exploité le pouvoir du silence pour gagner autant d'argent. »

Eh bien, impatient que vous êtes, sachez que le pouvoir du silence va bien au-delà de la richesse. Et comme Thomas Merton l'a mentionné dans son livre « *The Silent Life* » :

« Tous les hommes ne sont pas appelés à être des ermites, mais tous ont besoin d'assez de silence et de solitude dans leur vie pour permettre à la voix intérieure profonde de leur véritable être d'être entendue au moins occasionnellement. Lorsque cette voix intérieure n'est pas entendue, lorsque l'homme ne peut pas atteindre la paix spirituelle qui vient d'une union totale avec son vrai être, sa vie est toujours misérable et épuisante, car il ne peut vivre longtemps heureux sans être en contact avec les sources de la vie spirituelle qui sont cachées au plus profond de son âme. Si l'homme est constamment exilé de sa propre maison, exclu de sa propre solitude spirituelle, il cesse d'être une vraie personne. Il ne vit plus en être humain.

Qu'en est-il du silence dans la vie des bâtisseurs du monde moderne ?

Alexander Graham Bell, le célèbre inventeur du téléphone, serait surement impressionné et horrifié de voir ce qui s'est passé dans le monde depuis que son brevet de téléphone a été accordé. Horrifié par le téléphone portable, ou plutôt par ce mini gadget d'à peine quelques centimètres qui force la santé mentale de beaucoup de jeunes à s'échapper de leur crâne lorsqu'ils ne reçoivent pas suffisamment de « like » sur leur photo Instagram. Sans oublier que la plupart des gens sont pris par des mouvements et des routines incessants, étouffant ainsi leur créativité et les empêchant de concevoir l'avenir qu'ils désirent le plus.

Bell, contrairement à la plupart d'entre nous, a compris le pouvoir du silence dans la conduite de ses pensées créatives. Lorsqu'il sentait des agitations d'idées dans son cerveau, il se retirait vers son lieu de travail sans nourritures ni boissons et demandait que personne (ni même sa femme) ne le dérange de peur que de telles interruptions ne l'empêchent de concevoir ses idées.

Selon lui, les pensées sont comme des moments précieux qui passent : une fois parties, elles ne pourront plus jamais être rattrapées.

Et si on parlait d'Albert Einstein ?

Considéré comme l'un des plus grands scientifiques de l'histoire et surtout connu pour sa théorie de la relativité générale, Albert Einstein a utilisé le pouvoir du silence pour concevoir l'inimaginable. Il a déclaré un jour à ce sujet : « Je pense 99 fois et je ne trouve rien, il arrête de penser, je nage en silence et la vérité me vient. »

Einstein avait compris que la pensée est surfaite et que le silence est sous-estimé. Dans notre monde bruyant, la plupart des bruits que nous éprouvons quotidiennement viennent de l'intérieur de notre propre tête, de nos pensées discursives, du bavardage continu dans notre esprit. Einstein, lui, avait compris que le silence était un antidote pour son esprit surchargé de travail.

Ce silence, qui crée le calme et la clarté, crée aussi l'espace pour que les sentiments et les sensations entrent et soient vécus comme une conscience incarnée. Il nous permet de saisir et de donner un sens à ce qui est communiqué ou exécuté. Sans lui, tout son, toute parole ou toute musique perd sa cohérence et sa signification. Ceci était clair pour Mozart qui déclara que : « La musique n'est pas dans les notes, mais dans le silence qui se trouve entre elles. »

Qu'en est-il, de Steve Jobs ?

Steve Jobs, en entier Steven Paul Jobs, est l'un des premiers entrepreneurs à comprendre que l'ordinateur personnel plairait à un large public. Il est considéré comme l'une des trois plus grandes icones de la haute technologie, rivalisé par Bill Gates et peut-être Mark Zuckeberg. Il est aussi connu pour sa capacité légendaire à créer des produits innovants et révolutionnaires.

Cependant, peu de personnes savent qu'il a été pionnier dans ce qui était autrefois une « technologie de l'esprit » plutôt ésotérique. Il s'agissait d'utiliser la méditation de pleine conscience pour réduire le stress, gagner en clarté et améliorer sa créativité. Jobs a déclaré en ces termes : « si vous vous asseyez et observez, vous verrez à quel point votre esprit est agité. Si vous essayez de le calmer, cela ne fait qu'empirer, mais au fil du temps, il se calme, et quand il le fait, il y a de la place pour entendre des choses plus subtiles… c'est alors que votre intuition commence à s'épanouir et que vous commencez à voir les choses plus clairement et à être plus présent dans le présent...votre esprit ralentit et vous voyez une immense étendue dans le moment. Vous voyez tellement plus que vous ne pouviez voir auparavant. C'est une discipline et vous devez le pratiquer. »

La méditation est donc l'une des meilleures façons d'intégrer le calme à votre journée et d'appréhender le silence et son pouvoir sur votre esprit.

Elle a permis à Steve Jobs de voir clair dans l'avenir de son entreprise et de se connecter à ce qu'il croyait être sa mission au point où il conseilla Mark Zuckeberg d'aller visiter le temps dans lequel il était passé en Inde. Le reste appartient désormais à l'histoire.

Le silence est donc la porte d'entrée vers des pensées non découvertes. Il nous donne un aperçu du « pourquoi » derrière nos comportements et nous enseigne à travers le subconscient ce que le conscient ne peut dénicher. Pendant que nous sommes excités à prendre certaines décisions et à agir d'une certaine manière, le silence nous force à nous demander si nos comportement sont alignés avec nos valeurs et nos intentions, et nous permet ensuite de déterminer la meilleure façon d'agir face à ladite situation.

Le silence favorise la conscience de soi et nous permet de nous connecter avec notre environnement. Lorsque vous êtes silencieux, vous remarquerez un changement distinct dans votre capacité à être plus conscient de vous-même, de vos émotions et de vos sentiments. Il peut-être effrayant, à première vue, de se retrouver face à ses propres pensées et de découvrir la source réelle de ses problèmes les plus profonds.

Cependant, cette étape est nécessaire pour un contrôle absolu de notre être et de notre environnement.

Le silence constitue une discipline par laquelle des prophètes aussi variés que Jean-Baptiste, Bouddha et Muhammad se sont préparés à leurs ministères et ont reçu des révélations qui fondaient de nouvelles religions.

C'est une discipline qui a permis à des dirigeants comme Abraham Lincoln, Winston Churchill ou Theodore Roosevelt de prendre des décisions qui définissent l'histoire. C'est aussi une discipline qui a permis à des penseurs comme Alexandre Graham Bell, Albert Einstein et Steve Jobs d'apporter des solutions que très peu d'entre nous ne pourraient concevoir.

Et comme l'a dit Wayne Dyer : « Les pensées émergent du néant du silence. Les mots sortent du vide. Votre essence même a émergé du vide. Toute créativité nécessite une certaine tranquillité. »

Les grandes choses commencent toujours de l'intérieur

L'être humain est grandement influencé par les forces extérieures, c'est-à-dire, l'environnement, la société et les personnes qui l'entourent. Ainsi, en raison de nombreuses pensées négatives, par exemple, la conviction qu'il va échouer, les sentiments de jalousie ou de détresse, l'humain se retrouve bien souvent pris au piège. De ces pensées négatives conduisent souvent à sa chute. En fait, toutes ces pensées sont la création de son propre esprit, qui pense que sa vie sera affectée par un événement extérieur ou par un individu. L'humain vit dans une peur constante et croit que quelqu'un pourrait l'affecter ou devenir un obstacle à son succès ou à son bonheur.

En réalité, malgré toutes les croyances, ces forces extérieures n'exercent aucun pouvoir sur nous. Or, nous les laissons tuer en nous l'être humain que nous sommes. Nous nous retrouvons alors dépendants de toutes ces croyances erronées qui exercent une mauvaise influence sur notre quotidien.

Notre force intérieur, que nous ignorons très souvent, peut nous garder exempts de tous ces mauvais sentiments et nous aider à mener une vie meilleure.

Si nous faisons preuve d'introspection, nous réaliserons que personne d'autre que nous-mêmes n'est notre pire ennemi. Nous pouvons facilement influencer notre bonheur et notre succès avec notre croyance intérieure. Toutefois, au lieu de cela, nous nous laissons influencer par les forces extérieures qui ne cessent de nous briser. C'est la façon dont nous pensons qui fait toute la différence. En laissant la force extérieure nous dominer, nous nous détruisons et sommes responsables de notre échec. Or, si nous laissons notre force intérieure dominer notre vie, nous nous épanouissons avec beaucoup de positivité et de bonheur.

En effet, nous oublions cette notion importante que très peu de personne abordent en développement personnel : il est nécessaire de se reconnecter avec soi-même.

Toutes les grandes figures auxquelles vous vous identifiez au quotidien ont une chose en commun : elles ont appris à se reconnecter avec leur personnalité et à découvrir la force qui règne en elles. Comme vous l'avez probablement su, Steve Jobs a effectué une retraite spirituelle en inde et a conseillé à Mark Zuckeberg d'aller visiter le temple où il était allé pour se reconnecter avec ce qu'il croyait être la mission de son entreprise.

La force intérieure a encore plus d'avantages que de vous aider uniquement à réaliser votre objectif de vie. En effet, elle vous procure un sentiment de paix et de sens. Elle agit comme un puits d'énergie dans lequel vous pouvez puiser pour vous aider à traverser les moments les plus difficiles.

Les personnes avec une force intérieure pardonnent facilement, car elles savent qu'elles ne peuvent contrôler que leurs propres actions et que leur bonheur ne dépend pas des autres. Elles connaissent le pouvoir de la pensée positive pour prendre le contrôle de leur état et pour transformer leur état d'esprit. En fait, l'une des citations préférées de Tony Robbins sur la recherche de la force intérieure résume cela : « Le pouvoir de la pensée positive est la capacité de générer un sentiment de certitude en vous-même lorsque rien dans l'environnement ne vous soutient. »

Faites travailler votre humeur pour vous

« Eh bien, maintenant, nous avons touché le fond. Il n'y a aucun moyen de nous en sortir. »

C'était le commentaire calme d'un homme d'affaires qui venait d'apprendre que son meilleur client, pour qui il dépensait un million de dollars, transférait son entreprise à un concurrent.

Quelques semaines plus tôt, ce même homme s'était mis à désespérer parce que son entreprise avait perdu un client qui ne dépensait que vingt mille dollars par an. Il pensait que cette perte le ruinerait complètement.

Etrangement, la perte du meilleur client l'a moins impacté émotionnellement que celle de son premier client. Avez-vous une idée du pourquoi ?

C'était parce que la nouvelle de la petite perte est tombée sur un de ces jours où il était de mauvaise humeur alors que la perte du meilleur client est survenue un jour où il était de très bonne humeur.

Nous avons tous nos hauts et nos bas. Certains d'entre nous sont pires que d'autres. Pendant que de nombreuses personnes en sont handicapées, une minorité de gens ont appris comment utiliser ces hauts et ces bas pour renforcer leur efficacité au travail.

Un directeur de vente d'une entreprise quelconque avait remarqué des changements d'humeur, mais n'avait pas noté leur régularité. Il raconte : « J'ai des jours où mes hommes semblent tous mériter une augmentation. Quelques semaines plus tard, j'ai envie de les virer tous. »

Il continue en disant : « Quand je suis de bonne humeur, je trouve ma femme belle et séduisante et je suis très fier de mes enfants. J'ai beaucoup d'idées et j'aime être avec les gens. Puis, quelques jours plus tard, je deviens un autre homme. Je m'inquiète pour mes enfants et je trouve à redire tout ce que j'ai pu accomplir pour eux. Je veux qu'on me laisse seul. »

Lorsqu'il est de très bonne humeur, il mange plus et marche plus vite. Il se réveille tôt et se sent déterminé. Il fait des investissements sauvages et se moque des erreurs. C'est le bon moment pour lui demander une augmentation, un prêt ou un nouveau manteau de fourrure.

Lorsqu'il est de mauvaise humeur, il a un faible appétit et se retrouve constipé pendant quelques jours. Il parle et bouge lentement. Il n'arrive pas à dormir suffisamment. Dans cet état, il rend les articles qu'il a achetés, prend des médicaments brevetés et critique tout ce qui bouge, en particulier lui-même. Il perd tout intérêt pour le sexe opposé. C'est le moment de le laisser seul ou de l'abattre.

Des humeurs comme celles-ci vont et viennent avec presque la régularité du calendrier. Une personne prend en moyenne quatre semaines pour passer d'un état à un autre. Certaines personnes ont des cycles plus courts ne prenant que deux semaines, tandis que d'autres en ont de longs d'une durée de six mois.

Abraham Lincoln a eu un long cycle qui est allé aux extrêmes. Il était en plein cycle lorsqu'il a prononcé son discours impérissable de Gettysburg, c'est pourquoi il a estimé que c'était un échec complet.

Le passage de l'optimisme au pessimisme est généralement si graduel que la plupart des gens ne remarquent pas le changement. Ils ne le réalisent que lorsqu'ils se retrouvent envahis par une mauvaise humeur.

Les jours d'extrême optimisme ont leurs inconvénients, en particulier pour les cadres. C'est durant ces jours que les gens s'endettent, font des investissements risqués, produisent beaucoup d'idées à moitié cuites et commencent plus de choses qu'ils ne peuvent en finir.

Les mauvais jours ont, eux aussi, leurs avantages. Ils donnent un contraste qui rend la reprise plus agréable de la même manière que les olives améliorent le goût des autres aliments. Les gens surveillent beaucoup plus leur santé et le jugement est davantage du côté conservateur.

Ces changements d'humeur sont parfaitement naturels et ne sont pas liés à la lune, aux menstruations, à la pression artérielle ou à tout autre cycle encore découvert.

Il se peut que ces éléments aient quelque chose à voir avec eux, mais cela n'a pas encore été prouvé.

Cependant, quelques psychanalystes ont constaté que la dépression de mauvais jours est souvent due au sentiment d'hostilité d'une personne envers les autres, à son conscience troublée ou au sentiment que les autres ne l'aiment pas. En réalité, ce n'est pas parce que les autres nous critiquent que nous nous sentons de mauvaise humeur, c'est plutôt parce que nous sommes déjà en ce moment de mauvaise humeur.

Maintenant que nous avons une idée des humeurs que nous traversons régulièrement, découvrons comment les mettre à notre service.

Comme faire travailleur son humeur pour soi ?

Une veuve de Kinshasa qui n'avait plus qu'une grande maison a dû la transformer en maison de chambres pour gagner sa vie. Elle a connu un succès inhabituel en évitant de prendre des décisions importantes quand elle se trouvait aux deux extrêmes de son humeur. Lorsqu'elle est au sommet de son humeur, elle planifie des rénovations en ignorant les dépenses qu'elles peuvent engendrer. Cependant, elle prend soin de ne pas mettre ses plans en action tant qu'elle n'a pas connu une crise au cours de laquelle les plans ajustés pour s'adapter à son budget. Le résultat est le plan décoratif lumineux d'une ambiance optimiste et le faible coût d'une ambiance réaliste et pessimiste. Tel est l'art de faire travailler votre humeur pour vous.

Un publicitaire de haut niveau applique la même procédure dans la mise en place d'une nouvelle campagne. Apres des semaines à jouer avec diverses possibilités, il attend d'être au sommet de son humeur pour travailler à une vitesse fulgurante sur le plan global. Ce travail est ensuite mis de côté pour être repris une dizaine de jours plus tard, au moment où il entame sa crise. En dirigeant son autocritique croissante contre son plan et sa copie, il dissocie le travail effectué puis ne garde que les parties solidement justifiées. Ensuite, il rassemble tout le contenu qui finit par lui donner une nouvelle campagne publicitaire inspirée et solidement fondée.

Comme vous pouvez le constater, aucune de ces personnes ne prend des décisions importantes quand elle se retrouve aux deux extrêmes de son humeur.

Ceci parce que d'un côté nous sommes trop pessimistes et de l'autre nous sommes trop optimistes pour faire preuve de bon sens.

Lorsque nous sommes de mauvaise humeur, nous avons tendance à rester seuls et à critiquer tout ce qui bouge. On se sent fatigué sans avoir travaillé. On pense qu'on devrait lancer une partie Netflix ou qu'on devrait faire un tour au bar du coin pour nous détendre avec un verre de bière. La réalité est que nous n'avons pas vraiment besoin de ces détentes durant nos moments d'extrême pessimisme. Nous devons plutôt nous efforcer de faire de notre mieux pour travailler parce que c'est durant ces moments que notre esprit critique prend le dessus. C'est durant des moments que la veuve de Kinshasa arrive à remettre de l'ordre dans ses projections. C'est durant ces moments que le publicitaire de haut niveau arrive à rendre meilleurs ses campagnes publicitaires. C'est également durant ces moments que nous devrions fournir de l'effort pour remettre de l'ordre dans nos affaires.

Comment gagner le respect des autres ?

Pour gagner le respect des autres, vous devez prendre une initiative.

Avant de vous attendre à un comportement respectueux de la part d'une personne, vous devez apprendre à respecter autrui. En effet, cela semble être une bonne façon pour gagner le respect des autres.

- Soyez vrai et authentique

Respecter les autres et gagner leur respect ne signifie pas que vous devez compromettre votre véritable personnalité. Ne développez pas une forme de jalousie quand vous trouvez une personne plus belle que vous, recevez plutôt sa bonté et admirez-la. Cependant, s'il y a un élément que vous trouvez inapproprié chez cette dernière, soyez authentique et évitez d'imposer votre présence et votre opinion.

- Soyez prometteur et engagé

La personne qui a du mal à respecter ses promesses et ses engagements ne peut que gagner des malédictions. Désolé de vous l'annoncer ainsi, c'est un fait. Si vous n'êtes pas ponctuel et promettez d'être à l'heure, oubliez le rêve de gagner le respect des autres. Apprenez à vous engager en premier !

- Reconnaissez le bien en autrui

Reconnaissez et appréciez la bonté et les bons traits chez les autres. Applaudissez le succès et le tact de quelqu'un. Cela montre que vous n'êtes pas partial et jaloux.

- Ne soyez pas trop intrus

Vous devez connaître vos limites. Ne vous immiscez pas dans la question des autres, peu importe à quel point cela vous semble vital. Ce n'est pas toujours nécessaire de donner une perle de sagesse aux autres dans leurs affaires privées.

- Gardez les choses simples

Tout ne doit pas être dit : vous devez comprendre cela. Vous n'avez pas besoin de tout savoir de l'autre côté ni de tout dire aux autres : penser ainsi est immature et idiot. Gardez les choses simples et saines.

- Respectez les valeurs et les traditions des autres

Vous devez respecter les valeurs et les traditions des autres. Lorsque vous travaillez sous un même toit, il existe différentes écoles de pensée et vous devez en respecter les valeurs et ne pas leur montrer d'inconvénients.

- Parlez peu et avec sagesse

Vous ne pouvez être qu'une personne bavarde devant vos proches. Vous devez donc connaître l'art de parler peu, tout en parlant avec sagesse.
Personne ne respecte une personne qui parle du tout et de n'importe quoi. Celles qui parlent moins souvent, mais avec sagesse, en revanche, sont plus respectées.

- Soyer simple, mais pas directif

Pour exprimer votre différence d'opinion ou de point de vue, vous devez connaître la différence entre être simple et direct. Vous n'avez pas à être grossier et franc pour vous démarquer. Restez poli et rester ferme.

- Soyez travaillant et déterminé

La personne qui a l'habitude de se disputer tomber toujours sous le feu des critiques sévères. Soyez donc travaillant et très déterminé afin d'être en mesure de réaliser vos objectifs.

Transformez vos excuses en actions

Beaucoup de gens vivent dans une insatisfaction perpétuelle face à l'état de monde.

Ces gens estiment que les vertus comme l'intégrité et le courage sont rares, que la politique est un cirque embarrassant et que la société se détériore davantage qu'elle ne s'améliore. Par conséquent, ils se sentent impuissants à faire quoi que ce soit.

Ces gens disent qu'ils sont trop jeunes ou trop occupés pour accomplir quelque chose d'important, qu'ils n'ont aucun talent à exploiter ou que rien de ce qu'ils pourraient faire ne ferait une différence de toute façon.

Un homme, un garçon en fait, est particulièrement bien placé pour écraser les excuses finalement vides que nous donnons tous pour ne pas agir. Jacques Lusseyran est un héros peu connu du mouvement de la Résistance Française de la Seconde Guerre Mondiale.

A l'âge de huit ans, Jacques a perdu la vue. Après être tombé sur le coin du bureau d'un professeur à l'école, l'un des bras de ses lunettes a perforé son œil droit. Son œil gauche a alors souffert d'une inflammation sympathique et tous les deux sont restés complètement aveugles.

En 1941, alors qu'il n'avait que 16 ans, Jacques créa un groupe de résistance : les Volontaires de la Liberté. Le groupe, qui comptait alors 600 membres, s'est plus tard joint à un autre groupe de résistance plus important : Défense de la France (DF). Jacques a siégé au comité exécutif et au comité de rédaction de l'organisation et a utilisé la petite armée de jeunes hommes qu'il avait constituée pour distribuer le propre journal du DF et augmenter son tirage à un quart de million.

Même lorsqu'il a finalement été arrêté et détenu au camp de concentration de Buchenwald, Jacques a continué à résister aux Allemands et à aider ses semblables, créant ainsi une nouvelle organisation de presse secrète afin de remonter le moral et d'encourager les espoirs de ses codétenus. A chaque tournant ; il aurait pu trouver des excuses parfaitement sensées pour s'asseoir sur ses mains et ne rien faire en se disant : « Je suis aveugle ! », « J'ai seulement 16 ans ! » ou « Je vis dans un pays occupé !» Au lieu de cela, il a toujours cherché un moyen d'agir.

Ainsi, inspiré de la vie de Jacques, nous allons énumérer, une à une, les excuses que les gens expriment couramment tout en donnant les principes d'action par lesquels ces excuses devraient être remplacées.

Excuse n°1 : J'ai une idée, mais je ne sais pas encore comment l'exécuter. Lorsque Charles de Gaulle, chef de file des Français libres, a appelé ses compatriotes à continuer à résister moralement et physiquement à l'occupation allemande, Jacques savait « sans l'ombre d'un doute » qu'il voulait se battre pour « les choses dans nos têtes et nos cœurs que nous appelons la liberté. » Aveugle des deux yeux, Jacques savait qu'il ne pourrait pas devenir soldat ou prendre les armes et ne savait pas exactement quand et comment il pourrait contribuer au mouvement de la Résistance. Cependant, il était sûr de trouver un moyen de faire quelque chose. Comme il l'a dit à son ami : « Je vais faire la guerre. Je ne sais pas comment, mais je vais y arriver. »

Jacques a d'abord annoncé à ses deux meilleurs amis son désir de résister à l'occupation. Il a ensuite contacté dix autres personnes, leur donnant juste quelques détails sur ce qu'il pensait faire. Ils l'ont tous encouragé à avancer sur l'idée et il s'est senti un peu paniqué sous la pression : « De quelle action étais-je capable, aveugle comme j'étais ? Pourtant c'était de moi qu'ils attendaient tous. »

Jacques a donc fait un autre pas en convoquant une réunion préliminaire. Il s'attendait à ce que seuls les douze amis qu'il avait contactés soient présents. Au lieu de cela, cinquante-deux de ses camarades de classe se sont présentés.

Ils se rassemblèrent autour de Jacques et se turent. Tous les yeux étaient rivés sur lui. A ce moment-là, se souvient Jacques, « un éclat inhabituel rempli ma tête et mon cœur cessa de battre hors du rythme. Tout à coup, j'ai commencé à comprendre tout ce que je cherchais et ne trouvais pas ces dernières semaines. »

Ses paroles lui sont venues pendant qu'il parlait. Il a parlé à ses nouveaux camarades de ce que signifiait rejoindre le mouvement de résistance, de la nécessité du secret absolu et du silence et de la façon dont ils commenceraient lentement pendant les six prochains mois, construisant de petites cellules de résistance, une à la fois.

En ouvrant simplement la bouche, l'adolescent de 16 ans avait mis les roues en mouvement. Il n'y avait pas de retour en arrière, même s'il ne savait toujours pas exactement comment procéder et ce qui l'attendait. Etant un mouvement clandestin : « il ne pouvait être question d'obtenir des conseils d'experts ni de politiciens, d'officiers, de journalistes, ni même de parents. » Les jeunes hommes devraient tout comprendre par eux-mêmes.

Le mouvement a pris forme au fur et à mesure que Jacques agissait. Il n'aurait d'ailleurs jamais décollé s'il avait essayé de régler tous les détails avant de commencer.

Principe 1 : Vous n'avez pas besoin d'un plan parfait pour commencer à agir. Faites un premier pas en fonction de ce que vous savez et des plans émergeront au fin et à mesure que vous agissez.

Excuse n° 2 : Je n'ai pas de dons, de talents ou de capacités qui seraient utiles. Quand jacques a perdu la vue, il a constaté que ses autres sens se sont intensément aiguisés, ou plutôt, comme il l'a dit, que ce n'était pas tant que ses sens étaient exacerbés, mais qu'il a simplement commencé à « mieux les utiliser. » Son odorat est devenu animal, au point qu'il pouvait détecter la confiance ou le stress des gens simplement par l'odeur. Son sens du toucher est devenu si surhumainement sensible qu'il a complètement changé sa vision de l'univers créé.

Le son est devenu une source d'information particulièrement importante pour lui et il était étonné de voir à quel point il lui avait manqué avant de perdre la vue : « Même avant mon accident, j'adorais le son, mais maintenant il semble clair que je ne l'écoutais pas... C'était comme si les sons des jours précédents n'étaient qu'à moitié réels, trop loin de moi et entendus à travers un brouillard... mon accident m'avait jeté la tête contre le cœur bourdonnant des choses, et le cœur ne s'arrêtait jamais de battre. »

Jacques a travaillé de manière proactive pour affiner son audition, se réjouissant des mille petites nuances qu'il a appris à découvrir dans ce qui n'était auparavant qu'un simple bruit. Il pouvait utiliser le bruit des planchers qui craquaient pour mesurer les dimensions d'une pièce. Il pouvait dire où il y avait un renforcement dans un mur ou une fissure dans une fenêtre et si une porte avait été poussée par une main humaine ou par le vent.

Jacques a appris à lire « la voix des gens comme un livre. » Il a constaté que s'il laissait les voix à l'intérieur de lui, leur permettant de vraiment vibrer dans sa tête et sa poitrine, elles révéleraient infailliblement les caractères de la personne devant lui : « Nos appétits, nos humeurs, nos vices secrets, même nos pensées les mieux gardées se sont traduits dans nos voix », a-t-il observé. Jacques a découvert que les mots et la voix d'une personne pouvaient dire deux choses différentes et que la voix ne trompait jamais.

Dans l'ensemble, si la cécité de jacques était un handicap d'une certaine manière, elle a également développé en lui de nouvelles compétences, lui permettant d'avoir en sa possession une certaine intuition pénétrante sur les gens et sur son environnement.

Si Jacques s'était concentré uniquement sur les compétences d'un voyant, il n'aurait pas tiré parti de toutes ces compétences développées en étant non-voyant.

Principe 2 : vous pourriez penser que vous n'avez pas de talent, mais c'est probablement parce que vous vous concentrez sur les qualités visibles ou connues. Chacun d'entre nous a quelque chose en lui qu'il peut développer en changeant les règles du jeu.

Excuse n °3 : Je suis trop jeune

Lorsque Jacques a lancé les volontaires de la liberté, il n'avait que 16 ans. Pourtant, si la jeunesse du groupe n'a pas simplifié toutes leurs opérations, elle a rendu certaines d'entre elles possibles.

« Jeunes comme nous étions, nous pourrions facilement aller partout, faire semblant de jouer à des jeux, ou faire des bavardages stupides, flâner en sifflant les mains dans nos poches à l'extérieur des usines ou des convois allemands, traîner dans les cuisines et sur les trottoirs, grimper sur les murs. Tout serait de notre côté...

Les Volontaires de la Liberté allaient construire un réseau d'information, non pas une organisation d'agents dévoués et presque invisibles parce qu'ils ressemblaient à des jeunes innocents. »

Faire partie de la résistance était incroyablement dangereux et exigeait de mettre sa vie en jeu. Jacques a observé que la plupart d'entre eux avaient moins de 30 ans. Quant aux hommes de plus de 30 ans, ils étaient beaucoup plus réticents.

« Les hommes de plus de 30 ans autour de nous avaient peur : pour leur femmes et leurs enfants, c'était de vraies raisons ; mais aussi pour leurs possessions, leur position, et c'est ce qui nous a mis en colère ; surtout pour leur vie, à laquelle ils s'accrochaient bien plus que nous à la nôtre. Nous étions moins effrayés qu'eux. »

Cette jeunesse leur a également permis de savourer les dangers et les difficultés : « Même dans les difficultés de la vie, nous avons trouvé la joie de vivre qui nous a donné de la force » a-t-il déclaré. A cet âge, nous sommes pleins de passion et de courage : deux éléments cruciaux qui manquent aux adultes pour surmonter la peur du risque.

Principe n°3 : La différence peut être faite à tout âge et souvent la jeunesse n'est pas une faiblesse pour une cause, mais plutôt une force.

Excuse n°4 : Je suis trop occupé

Tout en en agissant en tant que leader du mouvement de résistance français, Jacques était également un étudiant à temps plein, d'abord au lycée puis à l'université. Il avait deux passions et deux objectifs pendant cette période : combattre les nazis et être admis à l'Ecole Normale Supérieur, une institution d'élite de l'enseignement supérieur qui avait un proccssus de sélection extrêmement compétitif.

Jacques a travaillé dur pour bien gérer les deux tâches, même si cela signifiait aller à toute vapeur pendant deux ans : « J'avais mis un point d'honneur à mettre en place un équilibre entre mes deux vies, le public et le secret. Mes journées oscillaient entre études et action à un rythme effrayant. Le matin, entre quatre heures et sept heures, j'ai parcouru des livres deux ou trois pas à la fois. De huit heures à midi, j'ai écouté le professeur, pris des notes frénétiques et essayé d'absorber les connaissances aussi vite qu'elles étaient diffusées. L'après-midi, de deux heures à quatre heures, j'étais toujours en classe. Puis, à quatre heures, la résistance commença.

Il y a eu des voyages à travers Paris par des itinéraires aménagés à l'avance pour plus de sécurité, des rencontres, des sondages, des jugements, des discussions, des ordres à donner, des inquiétudes, une remise sur la route des douteux, un encadrement des groupes fondateurs, des appels au calme à penser que la Résistance était comme un roman policier, des délibérations sur les articles du bulletin, un tamisage des nouvelles et du temps perdu dans le genre de convocation qui ne pouvait être faite ni par lettre à cause de la censure ni par téléphone à cause des lignes écoutées. A ce moment-là, il était déjà onze heures du soir et je crois que je ne me suis arrêté qu'à cause du couvre-feu.

Seul dans ma chambre, je me replongeais dans mes études et continuais à apprendre jusqu'à ce que mes doigts se raidissent dans les pages de Braille. Puisque mon intérêt pour la vie et ma confiance en elle étaient sans bornes, tout me paraissait aussi important la dixième fois que je l'ai rencontrée que la première. Cela m'a donné un enthousiasme qui m'a permis de traverser la fatigue sans la ressentir. »

Vous ne pouvez donc pas prétendre que vous êtes occupé pour ne pas accomplir quelque chose qui vous tient à cœur.

Principe 4 : Si c'est vraiment important pour vous, vous trouverez le temps de le faire.

Si faire une différence implique seulement de progresser à mi-chemin vers notre vision et nos objectifs, quelle excuse pourrions-nous avoir pour ne pas agir ?

Comment arrêter de procrastiner ?

Certaines personnes vous diront que la procrastination n'existe pas, d'autres disent qu'ils n'y croient pas. Sachez que c'est humain. Chacun d'entre nous l'a vécu à un moment donné dans sa vie, mais tout le monde pense qu'il devrait le nier. Quant à l'auteur, cela fait des jours qu'il tergiverse en essayant d'écrire cet article sur la procrastination. Chaque fois qu'il se mettait devant son petit écran voulant écrire un contenu intéressant, une certaine fatigue commençait à s'emparer de son esprit lui faisant croire qu'il était temps de prendre une nouvelle pause ou que de toute façon il finira par effacer tout ce qu'il écrirait parce que ça semblait être la merde. Il s'est donc retrouvé à faire des choses qui n'en valaient pas la peine. Il a également fait cette chose où il ferme You Tube, il ouvre un nouvel onglet et il retape instinctivement You Tube.

Que s'est-il réellement passé ?

Eh bien, juste avant de se retrouver en train de regarder des vidéos drôles de chats sur You Tube, la conscience de l'auteur lui a proposé deux choix.
Le premier se base sur les sentiments désagréables qui pourraient l'empêcher d'écrire cet article. Il pourrait s'agir de la fatigue mentale, du manque de sommeil, de l'incertitude quant à la qualité de l'article, de l'utilisation de termes inadéquats qui attiseront la colère de certains soi-disant défenseurs de la langue française, etc.

Le deuxième choix, contrairement au premier, représente tous les sentiments agréables qui pourraient pousser l'auteur à écrire les quelques lignes de cet article. Cela pourrait être le fait de ressentir un accomplissement personnel à l'achèvement de ce dernier, de recevoir des témoignages positifs des personnes qui l'ont trouvé utile, de ressentir le plaisir d'écrire des articles décontractants, etc.

Comme vous l'aurez constaté dans les cas de l'auteur, les sentiments désagréables avaient pris dessus. Au lieu de poser son gros cul et d'être productif, l'auteur s'est mis à défiler des statuts Facebook, puis à regarder des vidéos sur You Tube, à chercher pendant deux heures une photo d'un gars cravaté en train de ronfler sur son lit pour un article dont l'auteur a à peine écrit une phrase.

Cette simple mise en évidence peut expliquer pourquoi nous ne faisons que tergiverser sur des choses qui nous importent vraiment. Nous essayons d'éviter les sentiments désagréables pour finalement nous retrouver avec un tas de tâches à faire. Ce n'est que lorsque la merde commence à sentir très fort ou lorsqu'il devient douloureux de ne pas faire la tâche que le connard a finalement terminé d'écrire son article.

Cela dit, il existe tout de même plusieurs raisons qui peuvent être à l'origine de nos habitudes de procrastinateurs. L'autre soir, en comptant les poils autour de son nombril, l'auteur a pris la peine d'en dénombrer quatre.

La première raison concerne l'objectif que nous souhaitons atteindre.

Quand vous vous fixez comme objectif de faire de l'exercice physique, ne soyez pas étonné de constater 30 minutes plus tard que vous êtes toujours à la case départ en train de vous répéter les mêmes phrases qu'au début. Un objectif trop vague et complexe pourrait être une des causes pour lesquelles vous tergiversez dans quelque chose qui compte réellement pour vous.

Il est également possible de tergiverser si vous estimez qu'il est peu probable d'atteindre l'objectif que vous vous êtes fixé. Une personne qui court à peine 15 minutes et qui se fixe une heure au premier entraînement va potentiellement reporter son entrainement pour un prochain lendemain.

La deuxième raison derrière la procrastination concerne l'incohérence temporelle.

La plupart de temps, quand on se fixe de grands objectifs comme perdre du poids, être millionnaire ou créer le prochain Facebook, on se fixe des objectifs dont les résultats prendront du temps avant de se manifester.

Etant donné que nous devons agir dans le présent pour bâtir notre futur, nous priorisons les activités qui nous apportent des satisfactions à court terme au détriment de celles qui prendront du temps à se manifester. Cela crée constamment une contradiction avec notre état émotionnel, car nous voulons perdre du poids dans le temps, mais nous voulons aussi une bonne glace au chocolat dans l'immédiat. C'est ce que les psychologues appellent l'incohérence temporelle.

Nous savons tous qu'il faut manger sainement pour éviter d'être en surpoids et de contracter le diabète ou d'autres maladies cardiovasculaires. Or, puisque les conséquences négatives prendront des années avant de se manifester, peu d'entre nous échangeront leur burger pour un plat de salade.

La troisième raison dernière une vie paresseuse repose sur notre optimisme face à l'avenir.

On pense souvent qu'on a assez de temps, d'argent et de capacités pour réaliser la tâche que l'on souhaite accomplir.

Par exemple, un étudiant peut décider de reporter le début d'un travail, car il estime qu'il aura suffisamment du temps pour le faire plus tard. De même, un écrivain peut décider de reporter le début de l'écriture de son article, car il estime qu'il est assez intelligent pour le réaliser quand il le voudra.

Dans de nombreux cas, nous sous-estimons le temps et les capacités que la tâche nécessitera pour être réalisée. Quand nous nous retrouvons finalement face à la tâche à réaliser, nous décidons de la reporter au lendemain parce que nous avons du mal à démarrer cette même tâche que nous avons sous-estimée auparavant.

La quatrième raison que peut avoir un procrastinateur concerne l'échec, l'auto handicap et l'auto sabotage.

Quand on a peur d'échouer dans les tâches que l'on doit accomplir, on a tendance à tergiverser. Cette même peur nous pousse alors à utiliser la procrastination comme une barrière. Ainsi, en cas d'échec, ce dernier pourra être attribué à nos habitudes plutôt qu'à nos capacités à accomplir la tâche.

Par exemple, plutôt que d'étudier pour un test, un étudiant peut tergiverser, car il préfère savoir qu'il a échoué en raison de sa procrastination, plutôt que de savoir qu'il a échoué parce qu'il n'a pas bien compris le cours en question.

Ce même étudiant peut s'empêcher d'étudier, car il estime qu'il n'est pas assez bon pour mériter un « A » et que sa vie se résume à baiser toute la semaine.

Quand on observe de près ces quatre raisons qui peuvent nous pousser à tergiverser, on peut constater qu'elles ont une chose en commun : notre identité.

Plus un élément menace notre identité, plus on a tendance à l'éviter. Plus on sent que quelque chose met en jeu nos croyances et la façon dont on se perçoit, plus on évitera de le faire. Les psychologues appellent cela l'auto vérification. Elle s'applique dans les bonnes comme dans les mauvaises situations de votre vie.

Par exemple, devenir une vedette célèbre peut menacer votre identité tout comme perdre votre emploi. Faire un million de dollars peut menacer votre identité tout comme perdre tous vos revenus. Cela explique pourquoi les gens ont peur du succès tout comme de l'échec.

Vous évitez d'aller à la salle de sport parce que cela remettrait en question votre identité d'homme paresseux. Vous évitez de dire à votre mari d'être plus viril, car cela remettrait en question votre identité de bonne femme morale. Vous évitez de dire à votre ami d'aller voir ailleurs parce que cela remettrait en question votre identité de personne agréable.

Beaucoup de vos importantes décisions se voient alors ignorées, car elles menacent votre façon de vous voir et de vous sentir.

Que faut-il alors pour la surmonter ?

Avant d'aborder l'astuce qui vous permettra de résoudre cette équation, nous allons d'abord vous rappeler quelques techniques typiques que la plupart des gens utilisent pour vaincre la procrastination.

La première technique consiste à créer une « situation inévitable ».

Fondamentalement, cela consiste à créer une situation où il est plus difficile de ne pas faire une tâche que de la faire.

Par exemple, si vous souhaitez perdre du poids, la création d'une situation inévitable consiste à acheter 800$ de formation personnelle et à planifier des cours pour les huit prochaines semaines. Maintenant, la douleur de perdre 800$ et de ne pas se présenter à la salle l'emportera sur la douleur de porter ses vêtements de sport et d'aller au gymnase.

La deuxième technique consiste à rendre les conséquences de la procrastination plus immédiates.

Par exemple, le fait de manquer une séance d'entraînement pendant que vous vous entraînez à la maison n'aura pas d'impacts immédiats dans votre vie. Vous ne ressentirez l'effet qu'après des semaines et des mois de comportements paresseux.

Cependant, si vous vous engagez à travailler avec un ami sérieux à sept heures du matin lundi prochain, le coût de manquer votre séance d'entraînement devient plus immédiat, car la manquer vous fera sentir comme un imbécile.

La troisième technique consiste à accomplir quelque chose, même minime. Il s'agit de commencer à faire le composant le plus simple de la tâche que vous souhaitez réaliser.

Par exemple, si vous souhaitez faire une séance de sport, dites-vous simplement que vous allez enfiler vos vêtements de sport et ne vous imaginez pas en train de courir sur le tapis roulant. Une fois enfilés, vous vous sentirez comme un débile si jamais vous déciderez de ne pas vous entraîner. Ce sentiment vous poussera alors à continuer dans votre lancée.

La quatrième technique consiste à concevoir vos futures actions. Il s'agit entre autres de rendre votre environnement aussi propice à l'action que possible.

Par exemple, si vous avez l'habitude de passer du temps devant la télévision pendant que vous avez une entreprise à mettre en place, vous pouvez simplement prendre votre télévision et le placer délicatement dans un placard loin de vous. Vous pouvez également remplacer tout ce qui se trouve dans votre réfrigérateur par des produits bio pour vous efforcer de manger bio ou mettre en place un virement automatique de votre compte principal vers un compte d'épargne pour vous efforcer de constituer un fond d'urgence au fil des mois.

La cinquième technique consiste à rendre la tâche réalisable.

Avec ce principe, le célèbre écrivain Anthony Trollope a pu atteindre une performance de 47 romans, 18 ouvrages de non-fiction, 12 nouvelles et 2 pièces de théâtre. Au lieu de mesurer ses progrès en fonction de l'achèvement de chapitres ou de livres, Trollope mesurait ses progrès par incréments de 15 minutes. Cette approche lui a permis de ressentir des sentiments de satisfaction et d'accomplissement toutes les 15 minutes tout en continuant à travailler sur l'écriture de son livre. Cette technique, qui consiste à se fixer de petits objectifs réalisables dans le temps voulu, semble être une solution pour l'incohérence temporelle évoquée précédemment.

La sixième et dernière technique consiste à créer l'urgence.

Il s'agit principalement d'utiliser quelques techniques de gestion du temps comme « Pomodoro » qui implique de travailler sur vos tâches pendant une durée définie et de faire une courte pause avant de recommencer à travailler. Cela pourrait créer en vous l'urgence qui vous conduira à réaliser la tâche que vous voulez accomplir.

Bien que ces quelques techniques anti-procrastinations aient pu résoudre le problème de procrastination de beaucoup de personnes, ils constituent des solutions de pansement, mais ne résolvent pas une vie de paresse.

Si vous êtes comme la plupart des gens, vous finirez un jour ou l'autre par ressentir la procrastination dans votre quotidien.

Quelle est alors l'astuce pour surmonter cette vie paresse ?

Comme vous l'aurez constaté, l'une des principales raisons qui nous poussent à tergiverser repose sur notre identité. Nous évitons de faire certaines choses, car d'une certaine manière, elles menacent de contredire les croyances que nous avons sur nous-mêmes.

C'est comme un écrivain qui tergiverse d'écrire un article parce que la possibilité d'un échec menacerait sa croyance d'être intelligent et capable de tout, ou un étudiant qui refuse d'étudier parce que cela remettrait en question sa croyance d'être un mauvais garçon, ou encore un entrepreneur qui refuse de recourir à des services externes, car cela menacerait sa croyance d'être assez intelligent pour faire le boulot tout seul.

Tant que nous ne changeons pas notre façon de nous voir et de ce que nous croyons être, nous ne pouvons pas adopter les décisions et les comportements que nous passons autant de temps à éviter.

L'astuce pour surmonter une vie de paresse consiste alors à vous redéfinir de façon la plus banale et la plus large possible. Cela signifie souvent de renoncer à des idées grandioses et agréables sur vous-même comme le fait de croire que vous êtes intelligent, ou spectaculairement talentueux, ou incroyablement unique, car en réalité, vous n'êtes qu'un humain comme tout le monde.

Lorsque l'écrivain admet qu'il n'est peut-être pas le prochain Shakespeare, il se retrouve alors libre d'écrire comme il le souhaite et pourra probablement devenir le plus grand écrivain de tous les temps.

Lorsque l'étudiant admet qu'il n'est peut-être pas un mauvais garçon, il se donne alors le droit d'être à nouveau ambitieux dans ses études.

Lorsque l'entrepreneur admet qu'il n'est pas aussi intelligent que ce qu'il croit, il n'aura aucune raison de se renfermer sur lui-même dans son entreprise.

Cela consiste à comprendre la notion d'absence de « soi » pleinement présente chez les bouddhistes. En fait, ils affirment que votre soi-disant « soi » n'existe pas en réalité, car ce que vous pensez être est construit tout au long de votre vie selon un tas de choses arbitraires. Cette idée vous piège alors tout au long de votre existence, vous faisant croire qu'il y a des choses à faire et d'autres à ne pas faire. C'est pour cette raison qu'il va falloir vous redéfinir de la manière la plus large possible pour éviter de tomber dans ce piège d'identité rare qui vous poussera à reporter constamment les choses qui comptent réellement pour vous.

Bâtissez votre avenir, ne le prédisez pas !

« Le meilleur moyen de prédire l'avenir est de le bâtir. » Abraham Lincoln

Si vous vous demandez où vous serez dans 10 ans, regardez votre vie actuelle. Quelles actions prenez-vous pour atteindre vos objectifs ? Combien de nouvelles choses apprenez-vous par jour ? A quelles personnes vous associez-vous ? Faites-vous les efforts nécessaires pour atteindre vos objectifs d'aujourd'hui ?

Les gens pensent souvent que leur vie changera soudainement à la suite d'un événement magique qui se produira dans l'avenir, mais ce n'est pas le cas. Votre vie ne change que dans la mesure où vous vous engagez à la changer.

Si vous n'êtes pas satisfait de votre situation actuelle, prenez-vous des mesures pour la changer ? Si vous répondez à la négativité, vous êtes juste entrain de rêver. Rien ne changera jamais si vous ne changez pas ce que vous faites quotidiennement. Comme l'a souligné Aristote, il y a plus de 2000 ans, « Nous sommes ce que nous faisons à Plusieurs reprises. L'excellence n'est donc pas un acte, mais une habitude. »

Arrêtez dès maintenant d'attendre des autres ou d'attendre d'être prêt, car vous ne serez jamais prêt à 100% pour changer ce qui ne va pas dans votre vie. Le changement nécessité des actions massives qui sont posées de façon régulière. Commencez maintenant, vous perfectionnerez plus tard.

Un excellent moyen de bâtir activement votre avenir est de vous demander : « Si j'atteignais déjà mes objectifs, comment est-ce que j'agirais au quotidien ? » Quels livres lirai-je ? Combien de fois irais-je m'entraîner et comment passerais-je mon temps au bureau, à la maison ou avec les personnes qui me sont chères?

Une fois que vous avez répondu à ces questions, vous saurez quoi faire.

Agissez comme si vous aviez déjà réussi.

Comment moins se plaindre

« Vous pouvez vous plaindre parce que les roses ont des épines, ou vous pouvez vous réjouir parce que les épines ont des roses. » Tom Wilson

La vie n'est pas parfaite. Elle ne l'a jamais été et ne le sera jamais. Ce n'est pas une mauvaise nouvelle. En fait, une fois que nous commençons à embrasser cette réalité, nous accueillons en grand nombre de possibilités. La vie n'est jamais parfaite. Nous savons que c'est vrai.

Pourquoi, alors continuons-nous à nous plaindre de ces imperfections?

Nous nous plaignons du temps, de la circulation et des mauvaises herbes dans notre cour. Nous nous plaignons de nos vêtements serrés, de nos clés égarées, des avions en retard et du prix de l'essence.

Nous nous plaignons de nos emplois ou du manque d'emplois. Nous nous plaignons de nos voisins curieux, des bébés qui pleurent, des adolescents ingrats et des conjoints paresseux. Nous sommes devenus une société trop rapide pour nous plaindre.

Se plaindre n'est presque jamais une réaction positive à notre situation.
Il y a des moments, bien sûr, où signaler une injustice à quelqu'un est une bonne chose. Mais la plupart du temps, nous exprimons des sentiments de douleur, d'insatisfaction ou de ressentiment simplement parce que c'est notre réponse naturelle.

Mais cette réponse doit être reconsidérée dans nos vies parce qu'elle est rarement saine. En fait, il y a beaucoup de conséquences négatives à cette réaction. Se plaindre nourrit et engendre une réaction négative. De plus, il favorise une attitude négative. Se plaindre attire notre attention sur les aspects négatifs et les circonstances qui nous entourent. Et se concentrer sur les aspects négatifs entraîne toujours plus de négativité. Se plaindre n'entraîne jamais la joie. Se plaindre ne fait que nous plongeons plus profondément dans notre misère.

Cela a un impact négatif sur ceux qui nous entourent. Les plaintes propagent la négativité. En nous concentrant sur les problèmes et les inconforts qui nous entourent et en attirant l'attention sur eux, nous orientons également les autres vers eux. La misère aime la compagnie.

Se plaindre ne change pas notre situation. Agir oui. Mais ce n'est pas le cas des mots qui qui se plaignent.

Se plaindre disqualifie la valeur de l'inconfort dans nos vies. Le malaise, tant physique qu'émotionnel, peut avoir des effets bénéfiques profonds sur nos vies. Il y a d'innombrables leçons de vie qui ne peuvent être apprises qu'en embrasant l'inconfort : la patience et la persévérance pour n'en citer que quelques-unes. Devenez OK avec l'inconfort. Vous serez content de l'avoir fait. C'est très peu attrayant. Il n'est pas agréable de passer du temps avec des gens qui mettent constamment en valeur les négatifs. Et non seulement peu attrayante, l'emphase égocentrique de se plaindre peut aussi être ennuyeuse. Cela nous laisse en mode victime. L'un des plus grands obstacles au changement durable est le blâme. Et se plaindre trouve son fondement presque entièrement en cause.

Par contre, il y a de nombreux avantages à se plaindre moins. Nous nous concentrons sur le positif. Elle permet à la gratitude de prendre racine. Et la gaieté peut être un excellent embellisseur.

Alors, comment pouvons-nous commencer à surmonter l'habitude de se plaindre ?

Tout d'abord, admettez que les changements de mode de vie peuvent prendre du temps. Et puis, envisagez d'adopter certaines de ces étapes utiles ci-dessous.

- Examinez l'importance d'adopter le changement. Beaucoup d'entre nous se plaignent seulement parce que nous n'avons jamais envisagé l'alternative. Nous n'avons jamais été averti de ses effets nocifs, tant en nous qu'autour de nous. On n'a jamais pensé qu'il y aurait une meilleure solution. Mais lorsqu'on leur en donne le choix, la plupart d'entre nous préféreraient donner la vie plutôt que de l'épuiser avec nos paroles. C'est exactement ce qu'il faut faire.

- Embrassez la reconnaissance d'un monde imparfait. la vie ne va pas toujours servir ce que nous aimerons (ou même attendre) à chaque tournant. Il y aura des ennuis, des épreuves et de la douleur. Encore une fois, tout va bien. Et plus vite nous arrêterons de tenir bon pour un monde qui tourne autour de nous, plus vite nous pourrons comprendre que notre contribution est bien plus nécessaire que notre plaisir. L'inconfort ne devrait pas nous surprendre et nous ne sommes pas les seuls à le ressentir.

- Comprendre la différence entre la critique utile et la plainte. Il y a des moments où il est tout à fait approprié d'attirer l'attention sur une faute commise. Cela peut être utile et ne devrait jamais être découragé. Décrypter si la situation peut et doit être résolue. Si ce n'est pas le cas, il y a de bonnes chances que nos plaintes n'aient aucun intérêt réel dans le dialogue, la résolution de problèmes ou les relations humaines. Et dans ce cas, il faut les éviter.

• Soyez attentif à votre interlocuteur. Parlez-vous à quelqu'un qui peut vous aider à résoudre le problème ou qui a un intérêt direct à trouver une solution ? Si oui, utilisez un langage de résolution de problèmes. Si vous devez continuer, préparez votre plainte en utilisant un langage qui réduit l'impact.

Par exemple, en commençant par « puis-je juste évacuer pendant une minute ou deux ? Peut-être tout ce dont vous avez besoin pour vous orienter, vous et votre auditeur, vers votre but et pour vous aider à vous rappeler de rester bref.

• Evitez d'entamer des conversations avec une plainte. Prenez note de la fréquence à laquelle nous entamons des conversations avec une plainte. Souvent, même inconsciemment, cette tactique est utilisée parce qu'elle suscite une réaction accrue. Retirez-le de votre arsenal. Et essayer de répandre un peu de joie avec votre phrase d'ouverture à la place.

• Refusez de se plaindre par souci de validation. Parfois, nos plaintes sont utilisées pour valider notre valeur aux autres. « Je suis si occupé », c'est un bon exemple. Nous le disons souvent comme un moyen de communiquer subtilement notre importance. Ne cherchez pas à impressionner les autres avec vos plaintes. Cette stratégie ne vous fera pas gagner d'amis long terme de toute façon.

• Remarquez vos déclencheurs. Y-a-t-il une période précise de la journée pendant laquelle vous avez tendance à vous plaindre d'avantage que les autres ? Matin, soir ou fin d'après-midi ? Quand votre conjoint est à la maison ? Quand vous buvez un café ou vous prenez un déjeuner avec vos amis ? Peut-être que c'est autour de la fontaine d'eau avec vos collègues ? Faites attention. Ensuite, évitez les déclenchements si possibles. S'ils ne peuvent pas être évités, soyez très vigilants lorsque vous les voyez surgir.

• Adoptez l'idée de l'expérimentation. Il peut être contre-productif de se fixer comme objectif de « ne plus jamais se plaindre ». Essayez plutôt de désigner une courte période de temps pendant laquelle vous pouvez être particulièrement attentif. Par exemple, décidez d'y aller juste un jour sans vous plaindre. Cette période plus courte vous permettra de vous concentrer davantage sur votre objectif. La période expérimentale plus courte favorisera une sensibilité accrue.

Se plaindre sans raison n'a pas de sens dans nos vies. Elle favorise le mécontentement, répand la négativité et déclenche les conflits. Nous serions plus heureux sans elle. Allons de l'avant, reconnaissons et accueillons plutôt le positif.

Sortir de sa zone de confort

Le quotidien est plaisant car plus rien ne vous surprend. Tout y est familier et confortable. Nous connaissons d'avance nos habitudes et nos routines. Nous nous sentons en sécurité et même parfois emprisonné par notre confort. Il nous permet cependant d'agir de façon automatique, naturel et sans angoisse dans le monde de tous les jours. Nous sommes dans notre zone de confort et l'idée d'en sortir nous parait dangereuse. Cette zone représente l'ensemble de nos savoir-faire et de nos acquis sur lesquels nous nous appuyons. Chacun possède donc sa propre zone de confort.

Pourquoi sortir de la zone de confort ?

Nous pouvons rêver de ce que l'on souhaite faire ou être toute la vie, mais cela est inutile si l'on ne fait pas tout pour y arriver. Sortir de sa zone de confort signifie traverser la zone d'apprentissage et conquérir la zone de panique. Et cela dans le but d'élargir notre vision sur le monde, mais aussi de changer nos habitudes.

Mais sortir de sa zone de confort permet aussi de l'élargir et de se développer. Cependant, rien n'empêche de pouvoir y retourner de temps en temps ! Sortir de sa zone de confort est donc indispensable afin de vivre une vie riche et épanouie qui permet de développer de nouvelles capacités et même de se lancer des challenges.

Comment alors sortir de la zone de confort ?

Pour sortir de cette zone, il faut croire en soi, travailler dur et savoir se sacrifier. Il faut donc lutter entre la tension émotionnelle, qui nous attire vers la zone de confort, et la tension de création, qui désire nous faire sortir et avancer vers l'extérieur. Afin de donner une autre vision à sa vie et pouvoir mettre en place de nouveaux objectifs, il faut savoir gérer ses peurs et accepter la défaite et la honte. Mais il faut aussi garder confiance en ses objectifs, rester persévérant et positif dans le but d'avoir la joie qui nous pousse à poursuivre nos rêves.

Mais si vous avez l'idée ou l'envie de sortir de votre zone de confort, il y a certaines règles à respecter. Afin de sortir de sa zone de confort, il faut tout d'abord l'identifier pour pouvoir en sortir progressivement. Le plus facile est de commencer par effectuer les actions quotidiennes mais de façon différente. Cela permet d'avoir une vision sur des activités pourtant simple et permet de vous habituer à vous confronter à l'inattendu et à l'imprévue. Pour voir les choses encore plus lointaines, il est possible de mettre en place des défis qui vous permettront de dépasser vos limites.

Vous pouvez mettre en place le défi que vous voulez, du moment que cela vous permet d'affronter vos peurs et vos limites. Il est important de se remettre en question à la fin de chaque défi et cela vous permettra de voir que les difficultés ne sont pas toujours là où vous les attendiez. En prime, qui dit sortir de sa zone de confort, signifie aussi acquérir de nouvelle expériences. Cela vous permettra de faire de nouvelles expériences, d'élargir votre opinion et de vous découvrir des intérêts divers. Elargir ses compétences vous permettra aussi de renforcer votre confiance en vous et vous poussez à sortir encore plus de votre. Mais le meilleur moyen pour sortir de sa zone de confort est d'élargir son cercle social. En faisant la connaissance de nouvelles personnes, vous pourrez sortir de votre routine. Pour cela, préférez des personnes que vous n'avez pas l'habitude de côtoyer. Cela vous permettra de découvrir de nouvelles façons de penser et de vivre.

C'est maintenant à vous de sortir de votre zone de confort si vous désirez découvrir les bienfaits de développement personnel !

Un leader doit avoir la maîtrise de soi

Vous devez retenir une chose : tout ce qui concerne la transformation de soi implique du travail. C'est la première chose que vous devez savoir sur la maitrise de soi. Si vous ne pouvez pas accepter cela, ne perdez pas votre temps à parcourir ce livre. Néanmoins, soyez prêt pour un traitement de choc.

❖ Immobilité

Le dictionnaire Merriam-webster a la définition suivante de l'immobilité : dépourvu ou s'abstenant de mouvement, m'émettant aucun son, calme, tranquille et exempt de bruit ou de turbulence. Bouddha a pratiqué la méditation, une méthode pour être immobile, pour atteindre la conscience de soi. Il croyait que grâce à la concentration extrême, nous pouvons prendre conscience de nous-même et de qui nous sommes vraiment. L'esprit, sans formation, n'est qu'un sac colossal de pensées qui vous empêche de découvrir votre nature intérieure. Passez un moment de la journée, tous les jours, juste en silence. Essayez de ne penser à rien. Laissez-vous, les yeux fermés, dériver dans l'espace. Avec suffisamment de pratique, votre esprit deviendra aussi stable qu'une statue et vous pourrez alors réaliser qui vous êtes vraiment.

❖ Etudiez

Votre esprit est une machine à penser et, comme toutes les autres machines, il a besoin de carburant ou d'énergie pour fonctionner et fonctionner pour vous. Parfois, vous pouvez penser que vous ne pouvez rien produire lorsque vous avez besoin d'une idée brillante au travail, à l'école, à la maison ou dans votre cercle social. En ce qui concerne les idées, la quantité des données que vous mettrez dans votre tête détermine la quantité des idées créatives que vous sortirez. Une voiture qui est remplie à moitié d'un réservoir plein ne peut atteindre cette distance que par rapport à une voiture qui fonctionne à plein réservoir. Lisez beaucoup de livres, allez dans beaucoup d'endroits et parlez à beaucoup de gens. C'est assez sûr pour que les moteurs fonctionnent.

❖ Pratiquez

Si on leur demande combien de temps ils ont consacré à la pratique de leurs compétences, tout musicien, peintre, artisan ou sculpteur ou talentueux répondra certainement : « Beaucoup de temps ». Essayez de vous en approcher et demandez-leur si c'est vrai. Une autre façon de devenir bon dans quelque chose ou de réussir à devenir quelqu'un est de le faire tous les jours. Une condition préalable, bien sûr, est que vous devez aimer ce que vous faites.

Certaines personnes ne connaissent peut-être pas la bonne façon de pratiquer mais tirez la meilleure partie de vous-même... car c'est tout ce que vous avez disait Ralph Waldo Emerson. Même si vous souhaitez uniquement améliorer votre personnalité au lieu de toute compétence particulière que vous pouvez imaginer, ces différentes étapes restent applicables.

❖ Gestion du temps

Les entreprises, les organisations et les sociétés consacrent beaucoup de temps à la gestion de leur structure. La bonne utilisation du temps est essentielle à leur développement et à leur réussite. La gestion doit également descendre au niveau personnel. Peu importe le type de structure sociale à laquelle vous appartenez, la bonne utilisation de votre temps est essentielle pour réussir et devenir maître de vous-même. Certaines personnes se plaignent de ne pas avoir assez de temps. La solution est de dormir moins. Sept à neuf heures de sommeil est le nombre moyen dont les adultes ont besoin pour rester pleinement fonctionnels lorsqu'ils sont éveillés. Essayez de rester dans cette plage et vous aurez tout le temps dont vous avez besoin.

❖ Communication et association

Toutes les grandes figures historiques du monde étaient de grands communicateurs. Ils utilisent leurs compétences pour transmettre leur message et s'associer avec d'autres personnes avec des réalisations égales ou supérieures. Suivez les étapes précédentes, puis commencez à approcher les gens autour de vous. Entourez-vous d'amis intelligents et bons. Assez rapidement, vous reprendrez inconsciemment leurs pensées et commencerez à montrer de modèles de comportement similaires. Eh bien, si des oiseaux de la même plume s'assemblent, vous pouvez nous dire qui sont vos amis et nous vous dirons qui vous êtes.

❖ Action

Cela semblerait être la partie la plus difficile parmi les huit éléments. La partie où vous vous déplacez et faites le travail. Si vous tergiversez beaucoup et que vous êtes comme cela depuis longtemps, nous avons peur de vous dire que vous avez une habitude un peu difficile à briser. Une solution que l'auteur vous propose pour briser cette habitude est de simplement former une autre habitude. Pourquoi ? Nous, les humains, pouvons programmer nos propres esprits. Lorsque vous en avez assez d'un programme dans votre tête, vous pouvez le remplacer par un autre. Chaque fois que vous vous dites « vous le ferez demain » arrêtez cette pensée et faites-le aujourd'hui. Faites cela pendant un mois et cela renforcera sûrement l'habitude en vous. Vous pouvez appliquer ce concept à d'autres habitudes comme le tabagisme, la consommation d'alcool, le jeu ou autre. Trouvez une autre habitude mais assurez-vous qu'elle soit positive.

❖ Croissance

Certaines personnes croient à tort que gagner beaucoup d'argent est une mauvaise chose. Cela ne devient mauvais que vous l'utilisez pour de mauvaises raisons.

Bien sûr, ces personnes veulent être heureuses en vivant une vie simple, mais la vie elle-même est une question de croissance et la richesse n'est qu'un outil pour cela.

La richesse vous permet d'expérimenter plus de choses, d'apprendre plus de chose et d'aider plus de gens à faire de même. Réfléchissez-y un peu. La croissance apparait sous plusieurs formes, mais être riche vous donne la liberté d'explorer et de grandir davantage entant qu'individu.

- ❖ **Tendre la main et aider les autres**

Celui-ci lest le plus facile car une fois que vous avez atteint un certain niveau de compétence avec les éléments précédents, la partie où vous tendez la main et aider les gens devrait venir naturellement. Plus vous contrôlez votre esprit moins vous êtes affecté par des personnes négatives. Plus vous devenez intelligent, plus vous pouvez trouver des idées pour aider ceux qui en ont besoin. Lorsque vous pratiquez intensément, d'autres techniques seront beaucoup plus faciles à apprendre. Si vous êtes en mesure d'équilibrer votre temps, les opportunités sembleront venir encore plus. Mieux vous communiquez et plus vous vous associez à de bonnes personnes, plus il est facile pour le monde de se diriger vers vous (ceux qui ont besoin d'aide et ceux qui vous aideront). Plus tôt vous déménager, plus vite vous obtiendrez des résultats. Enfin, plus vous grandissez et partagez cette croissance avec tout le monde, plus vous vous épanouissez.

Gardez le cap

Un jour, vous aurez envie d'abandonner tout ce pour quoi vous vous êtes battu toutes ces années. Un jour, vous aurez envie de jeter l'éponge parce que vous en aurez marre d'attendre les résultats. Un jour, à force d'encaisser les coups, vous vous demanderez si cela vaut la peine de continuer.

Un jour, vous préférerez ne jamais avoir existé sur cette terre à cause des épreuves. Un jour, vous aurez beau essayer, rien ne fonctionnera, comme si la vie était contre vous. Un jour, vous n'aurez même plus envie de rêver, tellement vous aurez encaissé de coups.

Durant ces moments de détresse et ces moments sombres, rappelez-vous le contenu qui suit :

- ❖ « **Cela parait toujours impossible, jusqu'à ce que ce soit fait.** » Nelson Mandela

La plupart de gens qui ont réussi leur vie de couple, leur carrière ou leurs affaires ont fourni des efforts constants pendant que les autres ont abandonné la course. Ne pensez pas que c'est le fruit du hasard ou que la vie est injuste envers vous. En effet, plusieurs des personnes qui ont aujourd'hui réussi sont passées par des moments sombres, voire très sombres. Elles ont passé des moments durs de travail dans l'ombre pour enfin réussir dans leur vie de couple, leurs études ou leurs affaires.

Pour vous donner une idée, Sir James Dyson, un inventeur britannique, en plus de ruiner es économies des 15 dernières années, a dû effectuer 5126 prototypes défectueux avant de réussir au 5127e prototype. La marque Dyson est alors devenue la marque d'aspirateur sans sac la plus vendue aux Etats-Unis.

Selon Forbes, son inventeur a maintenant une valeur nette d'environ 9,8 milliards de dollars ! Imaginez-vous ce que cela fait ?

Plusieurs croient qu'Amazon a fait fortune grâce à beaucoup de chance. Plusieurs croient que cette tablette sur laquelle nous passons la journée à glisser notre doigt a eu du succès grâce à un coup de baguette magique. Toutes ces pensées ridicules sont le fruit du cerveau humain. Comprenez bien que vous n'atteindrez ce que vous voulez qu'en fournissant des efforts pendant que les autres dorment confortablement. Steve Jobs, tout comme Jeff Bezos, a dû travailler durant des nuits entières avant de vous proposer ce service qui vous permet de trouver tout ce dont vous avez besoin, et ce, sans bouger votre cul de votre canapé. Ceci étant, vous devez comprendre l'art de ne pas céder.

- « **N'abandonnez jamais quelque chose auquel vous ne pouvez pas passer une journée sans y penser.** » Winston Churchill

Il y aura toujours des gens autour de vous qui voudront anéantir l'effort que vous avez fourni tous ces jours, tous ces mois, toutes ces années. Des gens qui voudront vous attirer vers la facilité, la consommation ou le moindre effort de la société. Des gens qui vous diront de vous contenter de ce que vous avez et que cela ne sert à rien de chercher plus, vous faisant croire qu'ils vous connaissent mieux que vous-même. Ne céder pas. Vous savez ce que vous cherchez, vous connaissez votre valeur et vos objectifs. Fuyez-les. Fuyez-les parce qu'à chaque fois que vous aurez envie d'avancer dans la vie, ils essaieront de vous en dissuader. C'est comme faire une course de rallye en roulant dans le sens contraire de la piste.

Faites ce que vous avez à faire, fournissez l'effort dans ce qui est votre mission de la vie et AVANCER. Avancez avec ceux qui ont les mêmes aspirations que vous.

Le reste n'a pas d'importance.

- **C'est le moment de faire la différence**

C'est durant les moments de crise dans votre carrière, dans votre couple et dans vos revendications que vous devez faire la différence et que vous pouvez faire la différence. C'est quand tout va mal que devrait ressortir le meilleur de l'homme. D'ailleurs, les grandes entreprises comme Forbes, Fortunes et Disney ont vu le jour en période de crise.

Que ce soit celui vivant avec une paralysie cérébrale qui devient directeur d'une filiale ou ce Jack Ma qui devient milliardaire après plusieurs refus, les personnes qui réussissent, pendant leur parcours, sont toutes passées par des moments sombres. Des moments où « abandonner » était l'unique option. Ils ont cependant fait la différence en continuant à se battre pour leur réussite.

Chaque fois que vous aurez envie d'abandonner ou de revenir à vos anciennes habitudes, rappelez-vous : derrière chaque difficulté se trouve une facilité.

❖ **Rappelez-vous pourquoi vous avez décidé de vous engager dans cette lutte**

Mark, à un moment donné, voulait trouver son âme sœur. Il enchaîna alors une rencontre, puis une autre et encore une autre. Se retrouvant ainsi désespéré de ne toujours pas avoir trouvé son âme sœur, il commença à généraliser sa vision des femmes alors qu'il n'avait qu'en réalité passé que trois fichues rencontres. Au fur et à mesure que les jours passèrent, l'objectif qu'il s'était alors fixé commença à se dissiper.

A vrai dire, Mark n'avait pas un pourquoi solide et bien défini pour poursuivre son objectif. Il ne savait pas pourquoi il voulait une âme sœur, il voulait seulement combler ce vide émotionnel qui le chatouillait chaque réveil.

Comme vous l'aurez compris, vous aurez beau vouloir quelque chose, si vous n'avez pas un pourquoi solide, tous les plans secrets que vous établirez dans le noir seront voués à l'échec.

C'est ce pourquoi qui vous tient quand vous n'avez plus envie d'avancer.

Quand vous y pensez, vous ne devriez qu'avoir une option : l'atteindre.

Ainsi, dans des moments compliqués, rappelez-vous pourquoi vous avez décidé de vous engager. Ce que vous cherchez compte-t-il réellement pour vous ? Le voulez-vous réellement ? Si tel est le cas, vous n'avez pas le choix, même si vous allez devoir travailler encore et encore dans le noir, à l'abri des regards, à supporter les jugements et les rejets, à subir parfois des critiques douloureuses qui vont vous frapper encore, jusqu'à ce que vous atteignez votre objectif.

Gardez en tête que ces moments passagers sont là pour savoir si, réellement, vous voulez ce que vous cherchez.

Bientôt, le soleil se lèvera à l'horizon annonçant votre réussite. Gardez le cap.

CONCLUSION ET COMMENTAIRES PERSONNELS

La vie est un constant exercice d'auto-amélioration. Et tandis que certains de ces efforts se concentrent carrément sur le fait de devenir plus éduqués ou de monter dans les rangs du lieu de travail, nous oublions parfois d'améliorer la façon dont nous nous traitons et ceux qui nous entourent. Dans la précipitation à réaliser, l'idée d'être « mieux » peut se perdre dans l'ambition et l'égoïsme. Le voyage pour améliorer votre âme et votre compassion envers vous-même et les autres commence ici.

Vous devez accepter qu'il s'agisse d'un processus. « Devenir une meilleure personne » est un processus sur lequel vous passerez probablement le reste de votre vie, alors acceptez le fait qu'il faudra beaucoup de temps pour devenir une meilleure personne. Il n'y a pas un moment spécifique où vous aurez enfin tous ensemble et n'aura plus de place pour la croissance. S'ouvrir au processus de changement et de croissance vous aide à développer la flexibilité, et la flexibilité est la clé pour être constamment le type de personne que vous voulez être dans chaque situation.

Chaque jour vous devez vous mettre au défi en vous améliorant constamment : ne soyez jamais satisfait. Travailler constamment à l'amélioration. La perfection est un but qui ne peut jamais être atteint, mais elle doit être l'objectif. La montée est lente, mais la descente est rapide.

Une auto-analyse valide de soi est essentielle à l'amélioration de la situation. Pour nous améliorer un peu chaque jour, nous devons constamment apprendre, et pour ce faire, nous devons observer constamment et rester ouverts d'esprit.

Un élément clé du programme d'auto-amélioration constante de l'auteur est basé sur le choix de votre entourage. L'auteur vous demande d'être entouré des gens lesquels vous pouvez les amener à remettre en question vos idées créant ainsi l'auto-analyse valide dont il parle dans cet ouvrage, laquelle est essentielle à l'amélioration de soi.

Un exemple incroyable de la sagesse de Lincoln peut très bien illustrer cette théorie. Lorsque Lincoln a été élu à la présidence, il a nommé un certain nombre d'anciens opposants politiques pour lui servir de conseillers et pour occuper divers postes.

En choisissant des hommes dont il savait qu'ils n'étaient pas d'accord avec lui ou qu'ils différaient de son propre programme, il s'est assuré qu'il serait confronté à des contestations légitimes de ses idées, plutôt que de se retrouver dans un groupe d'hommes de oui. Et cela s'est avéré nécessaire pour le bon fonctionnement des institutions du pays.

Un leader voué au succès demande : « que pouvons-nous faire pour nous améliorer ? » Un leader voué à l'échec dit : « C'est comme ça que ça s'est toujours passé. »

Tout ne peut pas toujours « rouler comme sur les roulettes » comme vous l'aurez appris tout au long de ce livre. Mais pour réussir à être heureux, il suffit de comprendre que le bonheur n'est pas uniquement un état de grâce. Il se cache partout même dans l'adversité. Et lorsque vous comprendrez cela, votre vie entière prendre une autre tournure.

Pourquoi ai-je choisi ce livre ? C'est plutôt le lire qui m'a choisi !

Ces derniers mois, j'avais l'impression d'être perdu, de ne pas comprendre ce qui m'arrivait dans ma vie de couple, au travail, etc.

C'est alors qu'en fuyant dans les anciennes affaires de mon père, j'ai vu un guide d'éveil spirituel que j'ai choisi directement à la place d'autres ouvrages.
Le début m'a demandé d'énormes efforts ! Mais je me suis laissé guider par ma volonté et mon esprit positif pour rédiger cet article dans un langage simple et dans un enthousiasme engageant.

Le lecteur est prié de faire un point avec lui-même après avoir parcouru tout le livre et maitrisé son contenu.

La vérité, c'est que chaque être est différent. A des capacités, des dons qui lui sont propres. Nous sommes égaux face à la maladie, au vieillissement, aux sentiments, mais pas face à nos conditions matérielles.

On ne choisit pas où on nait. Mais on peut choisir qui l'on veut devenir. S'appuyer sur un système de croyances qui nous pousse à toujours aller vers l'avant. S'apitoyer sur son sort ne mène jamais nulle-part.

Inutile de comparer l'incomparable. Oui, un enfant qui, nait à Hollywood de deux parents acteurs aura plus de chances de faire une carrière dans le cinéma que quelqu'un de complètement étranger à ce milieu.

Mais cela signifie-t-il que c'est impossible ? Non. Cela signifie-t-il que cet enfant de célébrités n'a rien à vous envier ? Non plus. Car nous avons tous en nous des richesses que d'autres convoitent. C'est d'ailleurs pour cela que nous avons tous besoin les uns des autres.

Pour réussir sa vie quand on n'a rien, il s'agit de comprendre cela. De ne pas minimiser son potentiel. Et de comprendre qu'à force de travail, on peut aller au bout de ses rêves.

Imaginez…
Vous êtes en vacances à Bahia et, peu de temps avant votre retour, vous consultez un vieux guérisseur. Sans raison particulière, juste parce que sa grande réputation vous a donné envie de le rencontre au cas où…

Son diagnostic est formel : vous êtes en bonne santé, mais vous n'êtes pas …heureux.

Porteur d'une sagesse infinie, ce vieil homme semble vous connaître mieux que vous-même. L'éclairage très particulier qu'il apporte à votre vécu va vous entraîner dans l'aventure la plus captivante qui soit : celle de la découverte de soi. Les expériences dans lesquelles il vous conduit vont bouleverser votre vie, en vous donnant les clés d'une existence à la hauteur de vos rêves.

Avec le livre « Leadership, secret de la liberté mentale », c'est tout un monde de possibilités nouvelles qui s'ouvre à nous, où l'on découvre comment se libérer de ce qui nous empêche d'être vraiment heureux

Benjamin TAMBWE est un passionné des écritures. Il consacre surtout son temps à la lecture et à la rédaction des articles ayant trait au développement personnel.

Printed by Books on Demand GmbH, Norderstedt / Germany